Idra Novey

Wie man aus dieser Welt verschwindet

Idra Novey

Wie man aus dieser Welt verschwindet

Roman

Aus dem amerikanischen Englisch
von Barbara Christ

PIPER

Mehr über unsere Autoren und Bücher:
www.piper.de/literatur

FSC
www.fsc.org
MIX
Papier aus verantwortungsvollen Quellen
FSC® C014496

ISBN 978-3-492-05919-0

Titel der englischen Originalausgabe:
»Ways to Disappear« bei Little, Brown
and Company, Boston, 2016

Satz: psb, Berlin
Gesetzt aus der Dante
Druck und Bindung: GGP Media GmbH
Printed in the EU

Für Leo, für jede Küste mit dir

Eine Zeit lang waren wir dasselbe Wort.
Es gab keine Dauer.

Edmond Jabès

In einem heruntergekommenen Park am heruntergekommenen hintersten Ende von Copacabana blieb eine Frau mit Koffer und Zigarre unter einem Mandelbaum stehen. Die Frau war rundlich und trug das graue Haar im Nacken zu einem Knoten gesteckt. Sie starrte eine Weile hinauf in den Baum, klemmte dann die Zigarre zwischen die Zähne, hievte den Koffer auf den untersten Ast und kletterte ihm nach.

Schaut euch das an, sagte einer der Dominospieler im Park, während die Frau weiter nach oben kletterte, bis man den ausgeleierten Gummizug ihres Baumwollschlüpfers und die Dellen an ihren Schenkeln sah.

Die Dominospieler wollten gerade Pause machen und zu Mittag essen, fanden es aber nicht richtig, eine Frau mit Zigarre und Koffer in einem Mandelbaum sitzen zu lassen. Julio, der Charmeur, wurde beauftragt, der Sache nachzugehen. Zur Vorbereitung auf diesen Einsatz zwirbelte er seine Bartspitzen und prüfte den Sitz der Hosenträger. Am Fuß des Baums blickte er auf und stellte fest, dass das üppige Hinterteil der Frau genau über ihm schwebte. Um sie richtig zu sehen, musste er einen Schritt zur Seite schlurfen, von wo er erkannte, dass sie ein aufgeschlagenes Buch im Schoß hielt, als säße sie am Bahnhof.

Senhora, kann ich Ihnen behilflich sein?, fragte er.

Die Frau dankte der Nachfrage, sagte aber, sie freue sich schon länger auf diesen Tag, und weil sie so gelassen mit aufgeschlagenem Buch und Zigarre dort oben hockte, wünschte Julio ihr alles Gute und ging nach Hause zu seinen Bohnen.

Bei Reis mit Bohnen, vor dem Fernseher, erzählte die Portugiesisch-Übersetzerin Emma Neufeld ihrem Freund, sie sei nervös. Ihre Autorin antworte seit über einer Woche nicht mehr auf E-Mails.

Miles entgegnete, sie verbringe zu viel Zeit damit, sich über unbeantwortete Mails aufzuregen. Seine Lieblingsthemen waren seit Neuestem ihr Hochzeitstermin und die Frage, ob sie die ganze Laufgruppe einladen müssten. Er sagte, er tendiere momentan auf jeden Fall zu einer Gartenparty.

Emma hingegen tendierte zu gar nichts.

Das musste sie bloß noch zum Ausdruck bringen.

Am selben Abend kam endlich eine E-Mail aus Brasilien, allerdings nicht von Beatriz. Der Absender stellte sich als Flamenguinho vor. Ob die Senhora Neufeld denn wisse, fragte der Mann, dass ihre Autorin kürzlich mit einem Koffer in einen Mandelbaum geklettert und in den fünf Tagen seither nicht mehr gesehen worden sei?

Emma rückte näher an den Bildschirm heran, um sicherzugehen, dass sie die Mail auch richtig gelesen hatte. Sie murmelte die portugiesischen Wörter für *Mandelbaum* und *Koffer*. Für *Autorin* und *verschwunden*. Auf dem Regal vor ihr standen die fünf Bücher, die sie übersetzt hatte und die ihr Leben seit dem Aufbaustudium ganz in Anspruch genommen hatten. Eins nach dem anderen hatte sie sich vorgenommen, mit der Getriebenheit einer Süchtigen. Kein anderer von Beatriz' Übersetzern hatte so viele Werke in seine Sprache übertragen.

Unten an der Treppe war Miles mit den abendlichen Vorbereitungen für ihre Joggingrunde am nächsten Morgen beschäftigt. Emma hörte, wie er zwei Paar Laufschuhe geräuschvoll neben der Tür abstellte, hörte das Klimpern der Schlüssel, als er sie zu ihrer Banane legte. Nicht leicht, jemanden zu verlassen, der zu so akribischer Hingabe fähig war.

Emma klickte auf den Wetterbericht. Um ihr gemietetes, eher schäbiges Haus in Pittsburgh wehte waagerecht der Schnee. In Rio de Janeiro hatte es einundvierzig Grad.

Am Telefon erklärte Raquel Yagoda der Übersetzerin ihrer Mutter, Emma habe keine Veranlassung, nach Brasilien zu kommen. Das ist nicht nötig, sagte sie, und die Hitzewelle hier im Moment willst du dir doch nicht antun.

Doch Emma bohrte weiter, bis sich Raquel entschuldigte und sagte, sie müsse jetzt auflegen. In den Nachrichten auf TV Globo wurden immer wieder dieselben uralten Fotos gezeigt: ihre Mutter, wie sie 1983 im lila Polyester-Hosenanzug den Jabuti-Preis entgegennahm; ihre Mutter auf dem Literaturfestival in Porto Alegre, im siebten Monat schwanger mit Marcus; ihre Mutter bei einem Fernsehinterview, als ihr Haar noch dunkel und dicht war und der Körper so dünn, dass sie zusammenklappte wie ein Fächer, wenn sie auf dem Drehstuhl herumschwang.

Sollten Sie Informationen über den Verbleib der südafrikanischen Schriftstellerin Beatriz Yagoda haben, sagte die Nachrichtensprecherin, dann rufen Sie bitte die unten stehende Nummer an.

Südafrikanisch, wiederholte Raquel und schaltete

den Fernseher aus. Ihre Mutter hatte Johannesburg im Alter von zwei Jahren verlassen. Ihre Mutter war in etwa so südafrikanisch wie Bossa nova.

Als sie am Flughafen von Pittsburgh ankamen, dachte Emma bereits auf Portugiesisch. Neben ihr zeterte Miles auf Englisch herum, was für eine überflüssige Eskapade diese Reise doch sei. So etwas Unüberlegtes, sagte er, wo wir doch die Hochzeit zu finanzieren haben.

Emma ließ ihn schimpfen. Sie war die Erklärungen leid. Sie kannte nicht nur Beatriz' Bücher. Sie wusste auch, dass der Bademantel ihrer Autorin melonenfarben war und in welche Sofaecke Beatriz sich beim Lesen am liebsten kuschelte. In den vergangenen sieben Jahren war Emma mit ihrem jährlichen Reisebudget jedes Mal zu ihrer Autorin gepilgert. Sie hatte solche Reisen immer weit im Voraus geplant, und Miles hatte es ihr nie schwer gemacht. Er hatte auch nie viele Fragen gestellt, was sie mittlerweile zu schätzen wusste. Weil sie also niemals Reiseanekdoten erzählen musste, konnte sie beim Übersetzen viel intuitiver auf das Erlebte zurückgreifen. In der Erinnerung war dann ein Morgen in Rio nur ein orangefarbener Schimmer über dem Meer, ein Licht, das sie auf Beatriz' Bilder warf, wenn sie diese seltsamen, dunklen Boote ins Englische überführte.

Miles lag falsch. Emma kannte Beatriz so gründlich, dass sie in dieser Situation einfach hinfahren und helfen musste. Wenn nun niemand an diese Szene aus einer von Beatriz' frühesten Erzählungen dachte, die mit dem Aufseher, der in einem Baum verschwand? Emma konnte sich nicht an den Titel erinnern, solange Miles noch neben ihr im Auto tobte. Aber sie wusste genau, er würde ihr wieder einfallen, wenn sie allein am Flughafen war.

Und tatsächlich, in der Schlange vor der Sicherheitskontrolle kam sie darauf. *A Lua Nova*. Der Neumond. Als Emma wieder wusste, wie die Erzählung hieß, erinnerte sie sich auch an die ganze Geschichte, an diese Insel, auf der es nur ein Gefängnis und ein Orchester aus dreizehigen Eidechsen gab, die den Insassen jede Nacht ein Ständchen brachten, Samba und *maracatu*. Es ging um einen stummen Insassen, der Hühnerknochen schnitzte, und um den Aufseher, der sich in ihn verliebte und den Gefangenen schließlich vergiftete, in der Hoffnung, sein Verlangen damit auszulöschen.

Doch es gab noch einen Aufseher in dieser Erzählung, eine Nebenfigur. Er kletterte auf eine Palme außerhalb der Mauern, um den Eidechsen zu lauschen, und fand diese Distanz, diesen erhöhten und verborgenen Sitzplatz fern von den anderen Aufsehern und ihren Gefangenen, so befreiend, dass er nie wieder herunterkam.

Vielleicht wurde aber auch angedeutet, dass in dem Baum noch etwas geschah – Emma wusste es nicht mehr. Hoffentlich würde sie die Erzählung in Beatriz' Wohnung finden. Wenn nicht, besaß der Freund, der ihr netterweise vom Verschwinden ihrer Autorin geschrieben hatte, bestimmt ein Exemplar des Sammelbandes. Beatriz hatte nie von einem Flamenguinho gesprochen, aber offensichtlich kannte er sie gut genug, um zu wissen, wie nahe sie Emma stand. Er wusste, was man in einer solchen Krise an ihrer amerikanischen Übersetzerin haben würde. Emma war mit ihm verabredet, auf ein Glas gleich nach der Landung in ihrem Hotel. Sie konnte es kaum erwarten, wieder den honigweichen portugiesischen Zungenschlag im Mund zu spüren, die Atlantikbrise auf ihrer Haut.

Als sie endlich in Rio aus dem internationalen Flughafen Galeão trat, saugte sie den vertrauten Mief von Achselschweiß, Autoabgasen und Guaven ein, der sie gleich hinter der Gepäckausgabe überfiel, wo Luft von draußen hereindrang. An den Armen und im Kreuz spürte Emma, dass ihr Kleid schon klebte. Dieses verschwitzte Gefühl, diese aufsteigenden Gerüche waren herrlich nach so viel Winter. Bei jeder Ankunft in Rio fiel einem wieder ein, dass man einen Körper besaß und ihn immer dabeihatte.

Ihr Taxifahrer besaß auch einen Körper, der unter dem pinkfarbenen ärmellosen Shirt klar zu erkennen und von glitzerndem Schweiß überzogen war. Als er sie fragte, wo sie Portugiesisch gelernt habe, erzählte sie ihm von Beatriz.

Aber Sie wollen doch sicher die ganz Großen übersetzen, sagte er, Meister wie Jorge Amado und Carlos Drummond.

Da erzählte sie ihm von dem Aufseher im Baum, vom Inselgefängnis mit seinem nächtlichen Eidechsenorchester, und dass man bei derart seltsamen, seltenen Erzählungen glaube, eine geflüsterte, geheime Geschichte der Welt vor sich zu haben.

Ach, kenne ich. Der Hexenkessel, sagte der Fahrer.

Nein, ich glaube, sie hat sie *Der Neumond* genannt, antwortete Emma.

Ich rede von dem Gefängnis, sagte er. Es wird heiß wie in einem Höllenschlund, da auf Ilha Grande.

Ilha was? Ich kann deinen Akzent nicht verstehen.

Flamenguinho stieß einen Rülpser aus, der so heftig war, dass seine Augen hervortraten wie bei einer Kröte. Auf diese Entladung hin drehten sich an der Bar mehrere Leute mit hängender Kinnlade um. Emma konnte sich nicht vorstellen, dass Beatriz die Gesellschaft eines solchen Mannes suchte. Abgesehen von seinem Rülpsproblem hatte er offenbar auch noch eine Mülltonne auf den Hals tätowiert.

Und er richtete sämtliche Fragen an ihre Brüste. Wer hilft ihr denn da auf Ilha Grande?, sagte er zu ihrem Hemd.

Tja, ich glaube, das hat eher mit so einer frühen Erzählung von ihr zu tun, sagte Emma. Sie spielt auf –

Buärg! Ein weiterer Rülpser detonierte, mit solcher Macht, dass sich Flamenguinho am Tisch festhalten musste.

Hör mal, sagte er zu ihren Brüsten, scheiß auf die Erzählung. Weißt du, was ich will? Ich will die sechshunderttausend Scheiß-Dollar, die sie mir schuldet. Okay? Ich weiß, sie ist pleite. Also musst du an dieses verdammte Buch von ihr ran. Egal, was du in deinem Land dafür kriegst, eine halbe Million davon gehört mir, dann muss ich sie auch nicht umbringen.

Emma blickte auf ihre Hände. Ihre Finger hatten sich zu einer Haltung verschlungen, die sie aus dem Yoga kannte. Offenbar war das gerade nicht der Moment, um zu erklären, dass Elsewhere Press im Norden des Staates New York nur aus einer Frau namens Judie und mehreren Praktikanten von einer kleinen nahe gelegenen Uni bestand. Wenn Judie ein Buch publizierte, hatte sie Emma immer dasselbe bezahlt wie Beatriz: fünfhundert Dollar. Um ihren Lebensunterhalt zu bestreiten, unterrichtete Emma zahllose Stunden *Portugiesisch für Spanischsprachige* an einer Zweigstelle der University of Pittsburgh.

Ohne ihre Finger zu lösen, fragte sie Flamenguinho, wie er zu ihrer Mailadresse gekommen sei, worauf der die Nüstern blähte.

Siehst du das? Er klappte sein Jackett auf und zeigte die waffenförmige Wölbung in der linken Innentasche. Wäre tödlich, sagte er, wenn du mich für einen Idioten hältst. Ich hab dich im Internet gefunden wie jedes andere Arschloch, und wenn du ihr Buch verkaufst und mir das Geld schickst, muss ich dich nicht noch mal suchen. Hast du das kapiert?

Von leichtem Schwindel befallen nickte Emma. Sie hatte allerhand Szenarien von sich in Rio vor Augen gehabt, aber nicht, so bedroht zu werden. In ihren Augen war ihre Autorin auch keine, die heimlich einer Sucht frönte, und schon gar keiner Spielsucht. Emma hatte jede Gefühlslage übersetzt, von der Beatriz jemals geschrieben hatte. Aberhunderte Wörter hatten sie diskutiert, warum Beatriz genau die gewählt hatte und keine anderen. Sie hatten zusammen im Schlafanzug Kaffee getrunken. Nach und nach war Emma dazu gekommen, ihrem Begriff von den Impulsen ihrer Autorin mehr zu vertrauen als den eigenen. Wenn sie Beatriz nicht fand, würde sie niemanden finden.

Ich glaube, ich habe eine Idee, wo sie sein könnte, sagte Emma zu dem Hai, der da vor ihr saß. Wenn sie fertig ist mit dem Buch, übersetze ich es, so schnell ich kann. Was es den USA einbringt, gehört Ihnen. Das verspreche ich.

versprechen Vb., ahd. *firsprehhan*, mhd. *versprechen*. **1.** Eine Absicht erklären, unabhängig davon, ob sie dem entspricht, was man dann tatsächlich tut oder lässt. **2.** Ein bestimmtes Ergebnis zusichern: *Als Übersetzerin gewöhnt man sich mit der Zeit daran, das Unmögliche zu versprechen, wie sich ein Kredithai daran gewöhnt, ein Blutbad zu versprechen.* **Siehe auch:** Menschheit nach Babel, Hinrichtungen während der Inquisition, Kammermusik im Dunkeln.

Raquel überließ es ihrem Bruder, Emma die Tür zu öffnen. Sie hatte sich mit der Übersetzerin ihrer Mutter gar nicht befassen wollen, doch Marcus hatte gesagt, Emma sei so weit gereist, um ihnen zu helfen. Wenn sie jetzt unbedingt mit ihnen reden wolle, könnten sie schlecht Nein sagen.

Raquel war anderer Meinung, aber sie hatte auch nie verstanden, warum ihre Mutter Emma im Gästezimmer wohnen ließ. Übersetzerinnen gehörten schließlich nicht zur Familie, und als Freundin hatte ihre Mutter sie nie bezeichnet. Trotzdem kam Emma jeden Juni und war so dünn und nervös, dass man sich unmöglich entspannen konnte, solange sie sich in der Wohnung aufhielt. Ihr Sonnenschutzmittel war auch ein Problem. Wenn Emma zu Besuch war, stank es im Wohnzimmer unweigerlich nach diesen amerikanischen Lotionen mit viel zu viel Zink.

Und die Geschichte mit dem fettleibigen, rülpsenden Hai war genau der paranoide Blödsinn, mit dem man bei Emma zu rechnen hatte. Eine mit ihrer Mutter befreundete Psychologin hatte ihnen bereits erklärt, was geschehen sein musste. Ihre Mutter hatte einen plötzlichen Anfall von Amnesie erlitten oder befand sich in den Wirren einer dissoziativen Fugue. Wie sonst sollte man sich erklären, dass eine Frau über sechzig einen Koffer in einen Baum zerrte?

Klar, ihre Mutter hatte immer gern gepokert und gern gewonnen. Sie hatte oft Poker mit ihnen gespielt, als sie noch Kinder waren, und mit ihren Schriftstellerfreunden richtig gezockt. In beiden Fällen hatte sie sich nie in die Karten blicken lassen, egal, welche sie hielt, bis die Hand gespielt war.

Aber online hätte ihre Mutter nie gepokert, so richtig um Geld. Richtig Geld hatte sie nie gehabt, und wenn ein Kredithai gemerkt hätte, wie gut sie spielte, und sie angestiftet hätte, den Einsatz mit seinem Geld zu erhöhen, dann hätte sich ihre Mutter darauf nie eingelassen. Warum auch? Sie hatte einen ganzen Clan alter Tanten in São Paulo, die ihr Geld überwiesen, wann immer sie welches brauchte, obwohl die Anrufe dort durchaus ihren Preis hatten. Denn am Schluss krümmte sich ihre Mutter immer, entschuldigte sich und sagte: Hast ja recht, hast ja recht, so hätte ich es machen sollen.

Als Teenager hatte Raquel oft für sie angerufen. Die Tanten hatten dann jedes Mal dieselbe Geschichte erzählt, wie ihre Mutter als Kind vom Baum auf den Kopf gefallen sei, woraus sich das alles erkläre. Trotzdem schickten die Tanten immer mehr Geld, als ihre Mutter verlangte. Wenn sie zu knapp vor dem

Sabbat anrief, überwiesen sie es gleich am Montagmorgen.

Dieser Mann hat sich über dich lustig gemacht, sagte Raquel zu Emma.

Er hatte eine Waffe im Jackett.

In Rio hat jeder Zweite eine Waffe im Jackett, nicht, Marcus? Raquel wandte sich zu ihrem Bruder um, doch der hatte sich an den Schreibtisch ihrer Mutter gesetzt und schob allerhand Pralinenpapierchen und zerknüllte Servietten beiseite, um an die Tastatur zu gelangen.

Nicht den Computer anschalten, sagte Raquel. Lass ihn aus. Sie hätte nie online gezockt. Wenn sie an ihrem Computer saß, hat sie geschrieben.

Marcus schaltete ihn an.

Emma hatte sich kaum Gedanken darüber gemacht, dass ihre Autorin Kinder hatte, bevor sie die beiden kennenlernte. Bei ihrem ersten Besuch in Brasilien war sie vollkommen unvorbereitet im Wohnzimmer auf einen jungen Mann getroffen, der dieselben radioaktiv-grünen Augen und hohen Wangenknochen besaß wie Beatriz. Marcus' Blick war allerdings längst nicht so intensiv wie der seiner Mutter. Er wirkte eher sinnlich und schläfrig. Mehrmals die Woche war Marcus als Barmann in einem der teuersten Klubs von Leblon tätig, wo er, wie Emma ohne große Überraschung erfahren hatte, so astronomische Trinkgelder bekam, dass er nicht motiviert war, sich nach etwas anderem umzusehen.

Seine ältere Schwester hingegen hatte die Intensität ihrer Mutter geerbt, die sich in ihren Zügen jedoch anders niederschlug. Raquel hatte kleine, argwöhnische Augen und machte eigentlich immer ein missvergnügtes Gesicht. Bei ihrem ersten Zusammentreffen hatte Raquel gerade eine Stinkwut auf die Gewerkschaften gehabt, mit denen sie für eine große Bergbaugesellschaft verhandelte. Inzwischen war sie für eine noch größere Bergbaugesellschaft tätig und noch viel wütender auf die Gewerkschaften dort.

Eines Abends, nach einem stundenlangen Gespräch auf dem Balkon, hatte Emma Beatriz gefragt, ob sie absichtlich so demonstrativ nicht über ihre Kinder schreibe. Beatriz hatte sie ganz verwirrt angesehen und gesagt, in dem Roman, den Emma gerade übersetzt habe, gehe es um nichts anderes. Emma war rot geworden und hatte gesagt, sie meine früher, in anderen Büchern.

Als Beatriz es ausgesprochen hatte, traten die Parallelen zwischen den Bürgermeistern in dem Roman und ihrem Nachwuchs deutlich zutage. *Hast du die Schmetterlinge gekostet* handelte vom Schicksal zweier Bürgermeister, die benachbarten Städten am Amazonas vorstanden. Ein Bürgermeister war emsig, er strich ständig die Piere neu und baute sie um, damit Touristen kamen und Dollar brachten. Doch was immer er verschönerte, sämtliche Ausländer, die über den Fluss anreisten, machten halt in der Stadt des anderen Bürgermeisters, der gar nichts umbaute und nur die Achseln zuckte angesichts des Problems, dass die Bewohner der Stadt ihren Müll einfach ans Flussufer warfen. Die gärenden Haufen zogen nicht nur Geier und viele Tausend Moskitos an – auch große Wolken rosa- und orangefarbener Schmetterlinge flogen herbei und ließen sich in flatternden Trauben auf den Armen der Reisenden nieder, die auf den schadhaften Pieren standen und nach Luft schnappten, weil so viele rosafarbene Flügel auf ihrer Haut kitzelten.

Um mithalten zu können, setzte der emsige Bürgermeister Seidenpflanzen und kaufte bottichweise Raupen bei verschiedenen Brutbetrieben. Doch sobald seine Schmetterlinge geschlüpft waren, flatterten sie davon zu den Müllhaufen an den Ufern der Stadt des anderen Bürgermeisters.

Puta que o pariu, fluchte Marcus in den Bildschirm seiner Mutter hinein. Emma kam leise einen Schritt näher, um zu sehen, was er geöffnet hatte. Es war der Browserverlauf seiner Mutter: lauter Pokerseiten.

Lass mich mal sehen. Raquel schubste ihren Bruder, damit er aufstand und die Kontrolle über die Tastatur abgab.

Vielleicht gehe ich lieber, sagte Emma.

Nein, nein, bitte nicht. Marcus stand auf und gab ihr ein Zeichen, sie solle ihm in die Küche folgen und es Raquel allein überlassen, sich durch den Browserverlauf zu klicken. Aus der Obstschale auf dem Küchentresen nahm er ein paar alte Limetten, drückte sie und zuckte mit den Schultern.

Die müssen uns reichen, sagte er, machte sich an die Zubereitung eines Caipirinha-Trios und glich dabei den Zustand der Limetten mit extra viel Cachaça und Zucker aus. Als er Emma ihr Glas gereicht hatte, hielt er inne und sah zu, wie ihre Lippen den Rand umschlossen.

Es gibt keinen Grund, Geld für ein Hotel auszugeben, sagte er. Meine Mutter hatte dich gern hier. Wenn du willst, kannst du das Gästezimmer haben.

Emma hatte fest vor, sich respektvoll zu verhalten. Sie wollte im Badezimmer ihrer Autorin jeden Gegenstand genau dort lassen, wo er bei ihrer Ankunft gewesen war. Mit Beatriz im Zimmer nebenan wäre Emma nie auf die Idee gekommen, die verfilzte Bürste ihrer Autorin zu nehmen und sich damit selbst durch die Haare zu fahren. Doch nun war Beatriz nicht nebenan, und als Emma einmal so weit gegangen war, die Bürste der Autorin zu nehmen und sich durch die Haare zu ziehen, musste sie es wieder tun, und dann noch ein drittes Mal.

Außerhalb des Bads war es in der Wohnung so still, dass Emma das Summen der Autos auf der Rua Barata Ribeiro hörte, oder vielleicht auch etwas, das nicht so weit weg war: die reifenden Kakifrüchte und *maracujá* in der Küche oder das Murmeln der Bücher ihrer Autorin auf den Regalen, die fragten, wann sie wohl zurückkommen würde.

Während ihrer letzten Brasilienreise hatte Emma mit Beatriz vor genau diesem Bad gestanden und eingeräumt, bei ihrer letzten Übersetzung dem Original nicht ganz so treu gewesen zu sein wie bei Beatriz' früheren Büchern, und Beatriz hatte geantwortet, Treue sei etwas für Pfarrer. Wenn Übersetzung eine Kunst sein solle, hatte sie Emma erklärt, müsse man die unbequemen, aber notwendigen Überschreitungen eines Künstlers begehen.

Nun, ohne Beatriz, war noch weniger klar, was als notwendige Überschreitung gelten konnte. Emma war in Abwesenheit ihrer Autorin nach Brasilien gekommen und hatte sich dadurch selbst vor Gericht gestellt. Sie starrte in den Badezimmerspiegel, auf das Abbild ihrer Hand, auf die Bürste darin, die ihr nicht gehörte, in deren Borsten nun aber auch eine Schicht ihrer Haare hing. Vor Emmas geistigem Auge erschien ein Gerichtssaal wie aus dem Mittelalter. Die Wände waren aus Stein, und sie betrachtete ihn von der Anklagebank aus. Dutzende Zuschauer sahen sie merkwürdig an, und als sie an sich herabblickte, wusste sie, warum. Ihre Hände und Arme waren an den Rändern ganz verschwommen. Die Beine auch. Wenn Emma die Hand hob und ihr Gesicht berührte, war es, als striche sie durch Dunst. Doch von der Galerie starrten alle auf sie herab. Sie war sichtbar oder zumindest so zu erkennen, dass man ihr für ihre mutmaßlichen Verbrechen den Prozess machen konnte.

Emma versuchte, sich zu erinnern, aus welchem Buch oder Film sie die seltsame Gerichtsszene kannte. Vielleicht kam das Bild auch gar nicht von außen, sondern gehörte ihr, vielleicht hatte sie es schon länger gespeichert und konnte es erst jetzt als ihr eigenes erkennen, jetzt, wo sie plötzlich allein in dieser Wohnung war und diese Bürste an ihr Haar geführt hatte. Erst jetzt, wo sie gehört hatte, wie ihre eigenen, in den Borsten verfangenen Haarsträhnen schnalzten.

Raquel nahm ihr Telefon, um ihren Chef anzurufen, entschied sich dann aber dagegen. Thiago war mehr als ihr Chef, nach neun Jahren Zusammenarbeit, aber wie viel mehr, schwankte in unvorhersehbarer Weise. Es konnte ein Fehler sein, ihn anzurufen, während sie so aufgeregt war. Vielleicht dachte er dann, sie würde mit den Gewaltmenschen, die oben in Minas den Streik organisierten, nicht fertig, und ließ Enrico die Verhandlungen führen.

Sie setzte sich auf ihr Bett. Sie konnte jederzeit Marcus anrufen, wusste aber, dass sie sich danach einsamer fühlen würde. Es würde bloß wieder Streit geben, und außerdem war er wahrscheinlich längst mit Emma auf der Fähre. Raquel war gegen diesen Ausflug gewesen. Sie hatte eingeräumt, auch keine bessere Idee zu haben, wo man suchen sollte, hielt das aber für keinen Grund, einen Ausflug zu machen, der auf irgendeiner zwanzig Jahre alten Erzählung von ihrer Mutter beruhte. Emma war wie all die anmaßenden Bewunderer ihrer Mutter, die sie besonders gut zu verstehen glaubten, weil sie ihre Bücher studiert hatten. Die hatten doch alle keine Ahnung, dass ihre Mutter Tage im Bett verbrachte, wenn sie die Tanten in São Paulo angerufen und um Geld für die Miete angegangen hatte, und manchmal auch einfach so. Dann lag sie bloß da, reglos wie ein Krokodil mit ihren reptiliengrünen Augen, hörte zu, wenn Raquel etwas sagte, aber wollte oder konnte nicht antworten.

Wenn sich ihre Mutter auf einer Insel versteckte, dann auf einer, die viel weiter weg war, das wusste Raquel genau. Ilha Grande war zu nah an Rio und voller bourgeoiser Bohemiens. Ihre Mutter würde sich nicht zwischen lauter Bobos mit Flipflops aufhalten wollen, die Pot rauchten und dabei Nachrichten in ihre iPhones tippten. Das Gefängnis hatte die Regierung schon vor Jahren sprengen lassen. Raquel hatte die Detonation mit ihrer Mutter in den Nachrichten gesehen. Als das Gefängnis einstürzte, hatte ihre Mutter auf die Vögel gezeigt, die aus den Bäumen aufflatterten, und gesagt: Schau, die Vögel stürzen in den Himmel. Raquel hatte widerwillig versucht, die Vögel im Rauch zu erkennen. Sie hätte mit ihrer Mutter gern ausnahmsweise über das gesprochen, was tatsächlich vorging. Nämlich ein Abriss.

Wenn jemand fragte, wie es war, eine Mutter zu haben, die so eigenartige Geschichten erfand, sagte Raquel die Wahrheit. Sie hatte die Bücher ihrer Mutter nie gelesen. Sie hatte nichts übrig für die Illusion, einen Menschen zu kennen, weil man dessen

Romane kannte. Wenn man das wusste, was eine Schriftstellerin niemals aufgeschrieben hatte – besaß man dann nicht das wahre Wissen darum, wer sie war?

Wie es dem Wesen öffentlicher Verkehrsmittel in Brasilien entsprach, hatte die Fähre nach Ilha Grande eine Stunde Verspätung. Und wie es dem Wesen besorgter Reisender allenthalben entsprach, nutzte Emma die Gelegenheit und begab sich ins nächste Internetcafé. In ihrem Posteingang waren zwei Nachrichten von Miles, die sie aber nicht öffnete. Sie hatte nur für zehn Minuten bezahlt und wollte nach der Krötengattung suchen, über die sie mit Marcus im Taxi gesprochen hatte. Sie kannte in ihrer Sprache die Bezeichnung *Schwarzkrötchen* dafür.

Wissenschaftlicher Name: *Melanophryniscus moreirae.*
Brasilianisches Portugiesisch: *Flamenguinho,* nach der Fußballmannschaft Flamengo aus Rio de Janeiro mit den Farben Rot und Schwarz.
Toxische Alkaloide/Giftgehalt: Sehr unterschiedlich, oftmals tödlich.

Der angesehene Literaturverleger Roberto Rocha prüfte gern seine Steaks daraufhin, ob das Fleisch den gezahlten Preis wert war. Diese Prüfung bezog sich auf die Dichte des Rauchs, der aufstieg, wenn die Steaks zu brutzeln begannen. Auch belletristische Werke, die er für seinen Verlag auswählte, prüfte er auf ihre Dichte hin, auf etwas Zartes in der Mitte, das doch schwer genug wog, um die Luft einzuschwärzen.

Ein Manuskript dieser Art war ihm seit Jahren nicht mehr untergekommen. Was er in dem Stapel auf seinem Schreibtisch fand, langweilte ihn nach spätestens vierzig Seiten. Selbst Werke, die er zur Publikation annahm, kamen ihm mittlerweile wie billige, trockene Stücke vor, die irgendwie synthetisch schmeckten. Er wünschte, jemand hätte ihn gewarnt, dass es ihn so übergewichtig und zynisch machen würde, wenn er sein Leben und sein Erbe einem literarischen Verlag verschrieb. Selbstverständlich hätte er diesen Jemand sofort als Schwachkopf und Banausen abgestempelt.

Senhor Roberto? Flavia, seine Assistentin, klopfte an und schob den Kopf durch den Türspalt. Die Post ist gekommen. Es ist ein Brief von Ihrer Cousine Luisa dabei.

Wie nett, sagte er, ich habe nämlich keine Cousine namens Luisa.

Vielleicht heißt es auch Laura Flaks. Oder Lourdes? Die Handschrift ist ein bisschen komisch. Flavia schob ihre dicke, dunkel gerahmte Brille hoch, die für Frauen in der Literaturszene gerade angesagt war, und reichte ihm den Umschlag.

Beim Nachnamen Flaks klingelte etwas, doch mit seiner Familie hatte es nichts zu tun. Rocha war ziemlich sicher, dass es ein jüdischer Name war.

Caro Roberto, setzte der Brief an, ich frage äußerst ungern, hoffe aber, dass Du angesichts der Umstände so freundlich bist und einer Cousine, die in der Klemme steckt, dabei hilfst, sich eine Woche im unten genannten Hotel zu verstecken.

Wie absolut bizarr, sagte Rocha.

Und dann fiel es ihm ein: die Schaumbadszene auf den ersten Seiten jenes Romans, der seinen Verlag bekannt gemacht hatte. Luisa Flaks, mit zurückgelehntem Kopf, das lange, nasse Haar wie ein Spinnennetz über das Porzellan der Wanne gebreitet. Die sinnliche, gewöhnliche Luisa, wie sie da im Bade lag – beziehungsweise nicht ganz gewöhnlich, da sie es immerhin aushielt, die Hähne nicht abgedreht zu haben –, hatte das Wasser über den Wannenrand und über die Fliesen laufen und in die Wohnung darunter sickern lassen, sie hatte es einfach laufen lassen, bis die Haut an ihren Fingerspitzen und Zehen schrumpelte und sie ihr Rückgrat auf dem Porzellan nicht mehr spürte. Rocha hatte sich Sorgen gemacht, dass die Szene zu extrem sein könnte, dass sich die Beschreibungen zu lange zogen, doch Beatriz hatte darauf beharrt, dass es genau darum ging: alles auf die Spitze zu treiben – das viele Wasser, die Einzelheiten. Alles zu weit zu treiben.

Abgesehen von diesem Roman hatte Rocha nie ein Buch publiziert, von dem innerhalb eines Monats die zweite Auflage erschien. Als Beatriz' nächstes Buch mit allen bedeutenden Preisen Brasiliens ausgezeichnet worden war, hatte er ihr empfohlen, seinen Verlag zu verlassen und zu einem größeren, international renommierten Haus zu gehen. Er hatte sie nicht aufhalten wollen. Er hatte gehofft, sie würde ihm die Fassungen ihrer Texte weiterhin zeigen, und das hatte sie auch getan. Jede einzelne.

Im anderen Schreibtisch liegt mein Scheckbuch, sagte er zu Flavia. Würden Sie es mir holen?

Leichter, verwehter Regen kam auf, als Emma die Fähre betrat. Obwohl es nieselte, holten zwei Jungen am Bug ihre ramponierten Gitarren heraus. Andere Passagiere nutzten wie Marcus die Bänke unter dem Dach, um sich hinzulegen und während der Überfahrt ein Schläfchen zu machen.

Emma war zu aufgeregt zum Ruhen. Sie setzte sich ans Ende der langen Bank, auf der Marcus schlief, damit sie seine Tasche bewachen konnte. Pittsburgh, Miles, ihr Job – all das kam ihr vor wie eine Haut, die sie im Flugzeug abgestreift hatte. Selbst ihre Sprache und wer sie darin war, kam ihr verzichtbar vor – zumindest, bis die Langhaarigen am Bug die Akkorde des *Redemption Song* anschlugen. Ein Mädchen mit einer Halskette aus bunt bemalten Bohnen begann, zu singen. Bald darauf schmetterte eine ganze Gruppe *No Woman, No Cry* in einer Lautstärke und mit einer Emphase, die sich unmöglich ausblenden ließ.

Emma wandte sich um und wollte ihre Bestürzung mit Marcus teilen, doch der hielt die Augen geschlossen. Überall auf dem offenen Deck benutzten die Leute den Schoß anderer als Kissen. Es regnete jetzt heftiger herein, und Marcus hatte sich so auf der Bank ausgestreckt, dass sein Kopf fast ihr bloßes Knie berührte.

Emma versuchte, in angemessenere Entfernung zu rutschen, doch Marcus reckte sich weiter, kam ihr näher im Schlaf, oder vielleicht auch mit Absicht.

Sie wusste genau, kein Zehnkilometerlauf mit Miles hätte je zu einer Fährfahrt in diesem Dunst geführt. Der Gedanke kam ihr gerade, als Marcus sein Gesicht neigte, bis sein voller, weicher Mund so dicht an ihrem Schenkel lag, dass sie seinen Atem spürte. Als links von ihr etwas hell aufleuchtete, dachte sie: Blitz.

Bom dia, *Brasilien!*

Hier auf Radio Globo gehen wir's morgens gern mit ein paar Nachrichten über die Liebe an, und, Freunde, Rios neuer Frauenschwarm, Marcus Yagoda, hat sie in den Armen der Übersetzerin seiner Mutter gefunden. Die nach wie vor vermisste Autorin war selbst einmal richtig heiß, und auf globo.com haben wir die Fotos, die das beweisen.

Warum ihr Sohn gesichtet wurde, wie er mit der Fähre in den Urlaub auf Ilha Grande fuhr, statt seine Mutter in den Bäumen ihrer schönen Stadt zu suchen – wir wissen es nicht. Aber, Freunde, wünschen wir ihm alles Gute. Ein Sohn ist in fremde Gewässer geraten, und das ist nicht der schlechteste Grund, sich zu verlieben.

Raquel schlug die Klatschseite der Zeitung auf, um es sich noch einmal anzusehen. Sie war schon draußen gewesen und hatte frisches *pão de queijo* geholt, doch nun hatte sie keinen Hunger mehr. Weil es regnete und der Himmel grau über der Fähre hing, sahen ihr Bruder und Emma auf dem Foto aus wie Bürgerkriegsflüchtlinge, die den Sturm allein durch ihre Leidenschaft überlebten.

Raquel hatte Marcus zehn Mal angesimst, obwohl sie wusste, dass er wahrscheinlich noch gar nicht wach war. Bei all der Presse, die ihre Mutter bekam, hätte er damit rechnen müssen, dass ein Journalist auf der Fähre war und sein Schlummer auf Emmas Schoß vermutlich Schlagzeilen machen würde. Wie zum Beispiel: *Südafrikanische Autorin noch immer vermisst, Sohn ruht auf ihrer Übersetzerin.*

Raquel hatte oft genug gesehen, wie Frauen in das Gesicht ihres Bruders starrten, und wusste, was als Nächstes passieren würde. Spätestens morgen früh würden die beiden nicht die Insel absuchen, sondern die Laken im Hotel nach Emmas Slip. Ihre Mutter hätten sie dort ohnehin nicht gefunden, aber immerhin saß Raquel nur deswegen jetzt allein zu Hause und wurde panisch angesichts all der geplatzten Schecks und Überziehungszinsen, die sich mit jeder Postzustellung vervielfachten. Die Schulden überschritten bei Weitem alles, worum sie die Tanten in São Paulo jemals gebeten hatten, und Raquel brachte es einfach nicht über sich, dort anzurufen und sich die Kommentare anzuhören.

Am Morgen, bevor die Zeitung gekommen war, hatte Raquel die Poker-Konten ihrer Mutter geknackt. Auf das Passwort war sie ziemlich schnell gekommen. Ihre Mutter benutzte überall dieselbe Geburtstagskombination. Und sie hatte atemberaubende Summen gesetzt und verloren. Gut zwei Jahre lang war das so gegangen. Die größten Verluste hatte ihre Mutter unter dem Namen *O Sapateiro* gemacht, *der Schuhmacher* – der Beruf, den der Vater ihrer Mutter ausgeübt hatte, nachdem das aus Johannesburg mitgebrachte Geld aufgebraucht gewesen war. Raquel wusste noch, dass sie in seinem Laden gesessen und zugesehen hatte, wie er ratlos sein neues Werkzeug anstarrte. In Südafrika war er Anwalt gewesen, doch in Brasilien war das unmöglich, weil er nur begrenzt Portugiesisch sprach.

Jetzt hatte seine Tochter eine noch unmöglichere Situation herbeigeführt. Während Raquel die Konten ihrer Mutter durchsah und die Verluste wuchsen, zog sich etwas in ihr zusammen. Sie hätte Thiago am Tag zuvor einfach anrufen sollen. Jetzt war Samstag, jetzt ging es nicht. Er war sicher bei seiner Frau und den Söhnen. Raquel war ihm zu PetroXM gefolgt und hatte gedacht, dass sie irgendwann eine Affäre haben würden, doch anscheinend war Thiago zu anständig, oder er hatte Angst, dass sie der Typ Frau wäre, der ihn drängte, seine Familie zu verlassen, und damit hatte er recht. Genau das würde sie tun.

Sie hätte ihn jetzt gern bei sich gehabt. Er würde neben ihr ein Bier schlürfen und vulgäre Witze über die Pokerkünste ihrer Mutter reißen, Witze, die so unflätig waren, dass sie einfach lachen musste. Selbst Thiago hätte gewusst, dass Schluss war, als das verlorene Geld die halbe Million überschritt, doch ihre Mutter hatte nicht aufgehört. In Panik oder angestachelt von Flamenguinho, der seine Investition eintreiben wollte, hatte sie weitergespielt, als wäre Zocken im Internet bloß ein Märchen, das sie sich ausgedacht hatte, als wäre sie noch immer ein Kind und wüsste nicht Bescheid, noch immer die Tochter, die Gespenstergeschichten für ihren Vater erfand, während er die Stiefel fremder Leute besohlte.

Bei diesem Gedanken empfand Raquel Groll und Sehnsucht. Es war, als würde sie wieder im aufgeheizten Auto sitzen und darauf warten, dass ihre Mutter zurückkam. Einmal hatte es verdächtig lange gedauert. Die Temperatur im Auto war angestiegen, bis ihr schwindelig wurde, der heiße Sitz tat weh auf ihrer Haut. Ihre Augen trockneten aus, der Kopf war ganz vernebelt. Als ihre Mutter schließlich verschwitzt und aufgeregt und schuldbewusst auf das Auto zueilte, nahm Raquel an, dass sie sich verlaufen hatte. Ihre Mutter erklärte nichts, und Raquel hatte Angst gehabt zu fragen.

Marcus sprang vom Tisch auf. Das war sie, sagte er. Das war meine Mutter. Ich bin mir sicher.

Vor dem Restaurant prasselte Regen nieder, als hätte jemand einen Glaskrug zerbrochen. Als Marcus trotzdem hinausrannte, glaubte Emma, ihm folgen zu müssen. Zweimal war er schon überzeugt gewesen, seine Mutter auf der Insel gesehen zu haben, und beide Frauen hatten sich als deutsche Touristinnen entpuppt. Nun schreckten Marcus und Emma an der Ecke eine kleine, sommersprossige Australierin auf.

Entschuldige, sagte Marcus, als sie wieder an ihren Tisch kamen und ihnen das Wasser von der Stirn in die Augen lief.

Schon gut. Man sieht schlecht in diesem Regen. Emma wischte sich das Gesicht mit einer Serviette aus dem Tischspender ab, aber es nutzte nichts. Wie in allen billigen brasilianischen Restaurants bestanden die Servietten auch hier mehr oder minder aus Plastik, und es war, als würde sie sich das Gesicht mit einer Mülltüte trocknen. Sie hatte nicht genügend Ausdauer, um weiter im Regen Ausländer aufzuschrecken. Wenn Beatriz auf dieser Insel war, dann auf der anderen Seite, wo die Ruinen des Gefängnisses standen und wo kein Bootsmann sie hinbringen würde, solange es noch stürmte.

Mir wird kalt, erklärte sie Marcus. Willst du keine trockenen Sachen anziehen?

Mir macht das nichts aus. Geh du. Ich schaue weiter.

Emma nickte und schlug nach den Moskitos, die sich an ihren Knöcheln labten. Sie hoffte, in ihrem Zimmer kurz Ruhe vor ihnen zu haben, aber auch dort gab es welche, die durch Löcher in den Fliegengittern und Ritzen zwischen den Bodendielen gedrungen waren. Man entging ihnen nur unter dem dreckigen Netz, das über dem Bett hing. Emma kauerte sich dort zusammen, kratzte ihre Stiche und schlug einige Bücher auf, die sie mitgebracht hatte, aber es juckte so sehr, dass sie sich in keines vertiefen konnte.

Sie holte ihr Notizbuch hervor. Die Gerichtsszene, die ihr in Beatriz' Badezimmer eingefallen war, hatte sie nicht losgelassen. Jedes Mal, wenn sie daran dachte, ging die Szene ein bisschen weiter, und die Bilder würden sie erst in Ruhe lassen, wenn sie zu Papier gebracht waren. Emma wusste nicht, ob es peinlich war, dass sie die Szene ernst genug nahm, um sie aufzuschreiben, aber was hatte sie schon zu verlieren? Sie war ohnehin blamiert, weil sie so zuversichtlich auf dieser Tour nach Ilha Grande beharrt hatte, dass der

Sohn ihrer Autorin nun glaubte, sie würden seine Mutter schon finden, wenn sie nur oft genug hinaus in den Regen rannten.

Unter das Moskitonetz geduckt, zog Emma die Kappe von ihrem Stift. In der Decke des Gerichtssaals, oberhalb ihres verschwommenen Übersetzerinnenkopfs, war ganz bestimmt ein Loch. Wenn es irgendwo auf der Welt geregnet hatte, dann hatte es auf diese Übersetzerin geregnet, zweitausend Jahre lang. Wenn es schneite, würden die Geschworenen der Übersetzerin ganz bestimmt vorwerfen, dass sie sich unter dem Schnee versteckte.

Emma wollte gerade eine neue Seite anfangen, als sie vor ihrem Zimmer Flipflops schlappen hörte. Du hast deine Sneaker hier draußen gelassen, rief Marcus durch die Tür.

Ich weiß. Sie waren zu nass, um sie mit reinzunehmen.

Tja, jetzt stehen Pfützen drin. Und ein paar Kaulquappen schwimmen herum. Ich könnte sie für dich aufhängen.

Als Emma die Tür öffnete, hielt Marcus klatschnasse Sneaker hoch, die von seiner Hand baumelten wie Pantoffeln.

Ich habe meine an die Ablage über der Toilette gehängt, sagte er, worauf sie zur Seite trat, damit er die Sneaker so geschmeidig wie lässig an ihr vorbeitragen konnte. Über dem Klo stellte er die Schuhe schräg auf und band die durchnässten Senkel am Vorhang fest.

Siehst du? So fallen sie nicht in die Schüssel, sagte er, und als er im Umdrehen auf ihr Bett zeigte, wich sie zurück. Gleich würde er fragen, ob sie Sex wollte. Das würde er so beiläufig vorschlagen wie eine Runde Boggle.

Aber er meinte nur das offene Notizbuch auf dem Bett. Du schreibst also auch, sagte er.

Ach, nein, ich schreibe nicht. Emma fing sich wieder. Ich habe mir nur, na ja, Notizen gemacht.

An: eneufeld@pitt.edu
Betreff: Lebst du noch?

Emma, bitte antworte doch. Tut mir leid, dass ich im Auto so ausgerastet bin, aber du hattest mir nicht mal erzählt, dass du dein Ticket schon hast. Ich kann gar nicht aufhören, meine Mails zu checken, und die Katzen maunzen ständig nach dir vor dem Bad. Sie glauben, du versteckst dich da drin und liest.

Wieder Notizen?

Marcus erschien am nächsten Morgen hinter ihr auf dem Balkon, in einer orangefarbenen Badehose mit so tiefem Bund, dass sie die Muskeln sah, die sich zu seiner Leiste zogen.

Ach ja, bloß wieder langweilige Übersetzernotizen. Emma schlug die Kladde zu. Über Nacht hatte der Wind Dutzende Jackfrüchte von den Bäumen gerissen, die nun aufgeplatzt auf dem Boden herumlagen und süßlich dufteten. Emma wusste nicht, ob sie durch den Geruch niesen musste oder wegen des nassen, räudigen Hunds auf dem Balkon.

Ich weiß nicht, wie viele Tage ich noch darauf warten kann, dass dieser Regen aufhört, sagte sie und putzte sich noch einmal die Nase.

Wahrscheinlich sollten wir sowieso abreisen. Marcus reichte ihr den Klatschteil des *O Globo* vom Vortag. Emma erkannte die Fähre auf dem Foto sofort, genau wie die grazil ausgebreiteten Glieder des Mannes neben ihr. Aber was war da auf ihrem Gesicht zu sehen?

Jemand, der es nicht besser wusste, hätte gesagt, Verlangen – was ein Mann sich versagt, bis er nicht mehr kann. Beatriz hatte diese Zeile an den Schluss ihrer Erzählung *Santiago Martins* gesetzt.

Auf Portugiesisch hatte Beatriz genau genommen geschrieben: Was ein Mann sich versagt, bis er es lässt.

Emma hatte »bis er nicht mehr kann« für sinnvoller gehalten als »bis er es lässt«, um die Kühnheit und den brasilianischen Geist des Satzes wiederzugeben. Solange sie an ihrem Schreibtisch in Pittsburgh gefröstelt hatte, während der Winter ächzend durch die Fenster kroch und Miles nebenan schnarchte, war es ihr unstrittig vorgekommen. Santiagos Verlangen musste gebieterisch sein, um die Last des Faktischen zu tragen.

Zumindest in ihrer Sprache.

Roberto Rocha fixierte die Dose Oliven auf seinem Schreibtisch. Schon zum zweiten Mal brachte man ihm Spezereien aus dem Supermarkt gegenüber dar. Wieder war einer seiner scharwenzelnden Romanciers aufgetaucht, um ihm ein Manuskript schmackhaft zu machen, das der junge Mann selbst nur einmal ganz durchgelesen hatte. Rocha hatte ihm erklärt, wenn er dem Überarbeiten seiner Bücher so viel Zeit widmen würde wie den Träumen von ihrer Verfilmung, dann hätte der Verlag in den vergangenen sieben Jahren vielleicht irgendwann beinahe kostendeckend gearbeitet.

Gespräche dieser Art stumpften seine Sinne ab. Er wollte nicht, dass man ihm Dosenoliven darbrachte. Er wollte, dass jemand mit einem Manuskript auftauchte, das seine Körpertemperatur erhöhte, einfach weil es so beispiellos war. Einen Autor, von dessen Sätzen er Kopfschmerzen bekam, einfach weil sie so erhaben waren, einen, der so genaue, wahrhaftige Bilder liefern konnte, dass er mit jedem Atom seines Körpers darauf reagierte. Allmählich machte es ihn zum Betrüger, dass er weiterhin Bücher publizierte, die ihm nichts bedeuteten. Ein mutigerer Mann hätte längst aufgegeben und den Verlag vor die Hunde gehen lassen.

Entschuldigen Sie, Roberto? Flavias dunkle Brille saß weit vorn auf der Nase, als sie den Kopf durch den Türspalt steckte. Anruf von Editora Record. Die wollen wissen, ob wir die ersten beiden Bücher von Beatriz Yagoda neu auflegen, und meinten, wenn nicht, würden sie gern die Rechte erwerben. Ihr neuestes Buch können sie gar nicht schnell genug ausliefern.

Weil die arme Frau in einem Baum verschwunden ist?

Und dieses Bild von ihrem Sohn.

Ein wahrer Adonis, nicht?

Rocha hatte gewusst, dass Marcus einmal fantastisch aussehen würde. Beatriz hatte es auch gewusst, war aber zu bescheiden, um so etwas über ihr eigenes Kind zu sagen. Mit gleicher Bescheidenheit sprach sie von ihrem Schreiben, und dabei war es nie jene Pose falscher Bescheidenheit, die so viele seiner jungen Schriftsteller mittlerweile kultivierten. Bei Beatriz war Bescheidenheit niemals Theater. Sie war ihr gegeben und voller Anmut.

Teilen Sie Record mit, sie können die Rechte nicht haben, sagte Rocha. Genau, teilen Sie denen mit, wir bringen die Bücher nächsten Freitag selbst neu heraus.

Nächsten Freitag? Flavias Augen wurden ganz groß hinter den Brillengläsern, doch Rocha achtete nicht darauf. Er überlegte schon, wie man am besten an den neuen Umschlag heranging. Er brauchte etwas Schnittigeres, das aber auch irgendwie schmackhaft war – eine Abbildung von Besteck vielleicht, aus Silber. Wenn er Eduardo mehr bezahlte, konnten sie die Druckerei am Wochenende durcharbeiten lassen, und nachts. Sie konnten Lieferwagen mieten und die ersten Exemplare in ein paar ausgewählte Buchhandlungen bringen, um die Spannung zu steigern. Vor einigen Jahren hatte er daran gedacht, Beatriz' frühe, bei ihm veröffentlichten Romane neu aufzulegen, war aber besorgt gewesen, dass man ihm das als Verzweiflungstat auslegen würde – weil er alle daran erinnern musste, wie wichtig er einmal gewesen war –, und dann war ihr letztes Buch so schlecht gelaufen. Sie war nicht mehr sichtbar gewesen, jedenfalls bis zu ihrem Verschwinden.

Schauen Sie, ob ich Eduardo heute Nachmittag sprechen kann, sagte Rocha. Nein, streichen Sie das. Sagen Sie ihm, ich bin heute um drei bei ihm im Büro. Wir müssen uns beeilen. Wenn das Comando Vermelho den nächsten Banker entführt, haben die Medien ein anderes Thema.

Und das hier noch. Flavia reichte ihm einen kleinen Umschlag. Sie haben gesagt, Sie möchten Privatpost sofort sehen.

Rochas fleischige Hände gingen ungewohnt heftig vor, als er den Umschlag mit einem Schwung aufschlitzte. Darin steckte die zusammengefaltete

Speisekarte des Zimmerservice aus einem Hotel in Salvador da Bahia. Ganz unten standen ein einziger handschriftlicher Satz – Wenn du nicht kannst, verstehe ich das – und eine Unterschrift: S. Martins.

Eduardo um drei, bitte, sagte Rocha. Und Flavia, meine Liebe, nehmen Sie doch diese Oliven mit.

Rocha registrierte nicht, ob sie es tat oder ließ. *Santiago Martins* hatte ihn bis in den Schlaf verfolgt. Die Erzählung war so herzzerreißend brasilianisch gewesen: ein Transvestit, der davon überzeugt war, dass er nur Frauenkleider trug, damit ihn die Polizei nicht fand. Beatriz hatte alle Details unnachahmlich lebendig gestaltet: Santiagos Bestürzung, wenn sich die Haare auf seinem Rücken im metallenen Reißverschluss seines Kleids verfingen, die Sicherheit im Umgang mit der Suppenkelle an seinem Essenswagen, wenn er Krabben-*moqueca* für betuchte Touristen in Schalen füllte, seine Gesten, die nicht weniger weiblich waren als die der Verkäuferinnen in ihren gestärkten weißen Baiana-Kleidern entlang der Promenade.

Und als die Polizei seine Verbrechen schon Jahre vergessen hatte, war Santiago Martins immer noch da – wie er nachts sein gestärktes weißes Kleid bügelte, wie er Klatsch mit den anderen Frauen austauschte, wenn sie am Morgen *dendê*-Öl und getrocknete Krabben kauften und mutmaßten, wie brutal die Sonne zu Mittag brennen würde.

Und eines Abends war da Santiago, wie er ein

Nachthemd für seine Mutter kaufte, und Santiago, wie er das Nachthemd in der Intimität seines Zimmers über den Kopf zog. Santiago, wie er Satin spürte, der milchkühl über seinen Rücken floss. Verlangen, hatte Beatriz geschrieben, war, was ein Mann sich versagt, bis er nicht mehr kann. Rocha hatte sie davon überzeugt, die Formulierung in »bis er es lässt« abzuändern. Er fand das subtiler, nuancierter. Beatriz war nicht seiner Meinung gewesen, hatte die Änderung aber gebilligt. Sie wusste, dass er die Erzählung liebte, ihm aber nicht wohl dabei war, sie zu veröffentlichen. Seinerzeit war er der einzige offen schwule Verleger Brasiliens gewesen.

Als ihm die Episode jetzt wieder einfiel, griff er nach seiner Brieftasche. Wie oft hatte man schon Gelegenheit, sein Zaudern aus der Vergangenheit zu überschreiben? Er würde das Buch mit Beatriz' ursprünglicher Formulierung neu auflegen und schneller herausbringen, als Record es je konnte. Beatriz hatte mit keinem späteren Buch mehr für so viel bemerkenswertes Staunen gesorgt wie mit den ersten beiden, die sie bei ihm veröffentlicht hatte. Mit dieser Neuauflage würde er die frühen Bücher ein für alle Mal bekannt machen. Er würde dafür sorgen, dass sie bei jeder Livraria Cultura in Rio und São Paulo im Schaufenster lagen.

Doch zunächst musste er natürlich das Hotel in Salvador anrufen, von dem die Speisekarte stammte, und S. Martins Zimmer für weitere zehn Tage bezahlen. Wenn das erledigt war, würde er sich um den neuen Umschlag kümmern, die erforderlichen Anrufe bei den Zeitschriften tätigen. Er würde das Land daran erinnern, dass sein Verlag, Editora Eco, zwei der aufregendsten belletristischen Werke der letzten dreißig Jahre herausgebracht hatte. Mit Haltung, mit Eleganz würde er anschließend allen, die in Rio noch Literatur lasen, die Tür zu seinem Büro öffnen, damit sie sich die verbleibenden Bücher nahmen, und damit wäre es das gewesen.

Er würde seinen Hut aufsetzen und das Licht ausmachen.

Raquel war die Letzte auf der Etage, als sie zu den Aufzügen ging. Thiago war schon seit Stunden zu Hause bei seiner Familie. Er hatte gesagt, sie könnten sich das Vergleichsangebot der Streikenden aus der Kalimine auch am nächsten Morgen ansehen. Raquel war trotzdem geblieben. Solange sie im Büro war, konnte sie ihre vermisste Mutter für fünf oder manchmal auch sieben Minuten am Stück vergessen.

Montagabends hatte sie sich mit ihrer Mutter oft in dem Imbiss um die Ecke getroffen, wo das Essen nach Gewicht berechnet wurde. Bei *bolinhos* und mariniertem Spargel lud Raquel dann ihren aktuellen Ärger über die Medien ab, die wieder irgendwelche Zwischenfälle im Bergbau aufbauschten.

Wenn sie ihre Mutter dann schließlich fragte, wie ihr Tag verlaufen war, sprach ihre Mutter von den Kakibäumen auf ihrem Balkon, lächelte scheu und biss dann einer der Spargelstangen auf ihrem Teller die Spitze ab.

Ihre Mutter gab schon seit Jahren ausweichende Antworten dieser Art, und Raquel hatte dabei immer das ungute Gefühl gehabt, dass sie ihr nicht vertraute. Um nicht wütend zu werden, hatte sie mittlerweile direkte Fragen nach der schriftstellerischen Arbeit ihrer Mutter vermieden. Hühner legten Eier. Kühe und Ziegen gaben Milch. Alle sechs, sieben Jahre schrieb ihre Mutter ein Buch. Vieles war unzuverlässig an ihrer Mutter, doch dieses Muster hatte sich nie verändert. Es entsprach dem geheimnisvollen Wesen ihrer Mutter so sehr, wie es einer Palme entsprach, Kokosnüsse zu tragen.

Raquel hatte die Bücher ihrer Mutter zwar nie gelesen, aber immer geschätzt, weil sie mit Sicherheit erschienen, weil sie bewiesen, dass ihre Mutter ein funktionierender Mensch war, und obwohl man ihrem Werk etwas Dunkles, Beunruhigendes nachsagte, strahlte ihre Mutter als Mensch eher Gelassenheit aus. All ihre Schriftstellerfreunde glaubten, sie würden ihr aus Bewunderung für ihr Schreiben die Aufwartung machen, doch Raquel war sicher, dass sie ihre Mutter vor allem besuchten, weil sie ihnen und ihren anmaßenden Ideen so aufmerksam zuhörte. Als Raquel nun vor den Drehtüren von PetroXM stand, war sie zuversichtlich, dass ihre Mutter irgendwann wieder da sein und ihr Leben weiterführen würde. Sie würde still und leise zurückkommen, ohne jede Entschuldigung oder Erklärung, aber zurückkommen würde sie.

Beseelt von diesem Gedanken, winkte Raquel ein Taxi nach Copacabana heran. Es gab keinen Grund, heute nicht in den billigen Imbiss um die Ecke von der Wohnung ihrer Mutter zu gehen, und wer weiß? Vielleicht saß ihre Mutter ja am üblichen Tisch und wollte von Raquel gefunden werden. Diese Fantasie war so entlastend, dass Raquel das Fenster herunterkurbelte, um die Brise zu atmen. Sie konnte das Meer riechen, so, wie sie an diesem Abend wehte und den Gestank wegwusch, den Thiago gern *den verschwitzten Arsch von Rio* nannte.

An der Ecke vor dem Restaurant stieg sie aus und überlegte sich etwas, das sie ihm wegen des Streiks unbedingt heute noch simsen musste. Sie tippte den Text gerade in ihr Telefon, als etwas ihren Hals packte und sie vom Gehweg in eine Einfahrt zog. Es war ein Männerarm, und er schloss sich so schnell um ihre Kehle, dass keine Zeit zum Schreien blieb. Der Mann hatte sie längst umklammert, drückte ihr Gesicht an die Wand und die Mündung seiner Waffe in ihren Rücken.

Erklär deinem Bruder und dieser Übersetzerin, sie sollen aufhören zu vögeln und das Geld besorgen, kapiert?, sagte er hinter ihr und atmete dabei in ihr Ohr.

Raquel wollte Ja sagen, aber sein Arm schloss sich immer noch fest um ihren Hals.

Ich sage, hast du kapiert, wiederholte der Mann, und dann bohrte sich die Mündung der Waffe nicht mehr in ihren Rücken, und sie hörte ein Messer aufschnappen, und dann war da sein anderer Arm und setzte die Klinge an ihren Hals. Besorgt das Geld, sagte er, oder einer von euch ist erledigt, *amiga*. Die knallen euch ab. Dieser Besuch hier ist ein Gefallen, hm? Hast du kapiert, was ich sage?

Ganz in der Nähe hörte sie Leute vorbeispazieren, jemand lachte. Wenn sie schrie, würde man sie ganz bestimmt hören, aber vielleicht erhöhte es auch die Wahrscheinlichkeit, dass er panisch wurde und ihr den Hals aufschlitzte. Oder es würde ihr niemand helfen. Nicht in einer heruntergekommenen Seitenstraße in Copacabana, nicht abends um zehn.

Dann ließ der Mann ihren Hals so plötzlich los, wie er zugepackt hatte. Er war fort. Raquel hielt eine Weile ganz still. Sie stand einfach da und machte sich auf mehr gefasst, auf Schlimmeres. Kurz zuvor hatte jemand auf die Pappdeckel unter ihren Füßen uriniert, es stank schrecklich in dieser Einfahrt. Der Geruch war ihr erst aufgefallen, als der Mann losgelassen hatte, doch nun wusste sie nicht, ob sie schon gehen sollte. Was, wenn der Mann ihr noch auflauerte, um herauszufinden, wo sie hinging oder wen sie anrief? Raquel malte sich aus, wie ihre Mutter in so eine völlig vermüllte, nach Urin stinkende Einfahrt gezerrt wurde, und fragte sich, wie lange ihre Mutter dort zitternd stehen geblieben wäre.

Mit diesem Gedanken zwang sie sich, hinaus auf den Gehweg zu treten. Als ein Radfahrer vorbeischoss, erschrak sie und schrie. Aus einer Favela auf einem Hügelvorsprung ganz in der Nähe hörte man das Trommelfeuer eines Maschinengewehrs. Eine einzelne Straßenlaternenbordüre, die sich durch die Favela zog, leuchtete ganz kurz hell auf. Dann versank sie im Dunkel.

Auf dem Weg zur Wohnung ihrer Mutter hatte Raquel immerzu das Gefühl, dass jemand auf sie wartete. Er stand hinter dem Bus oder tat so, als würde er am Zeitungskiosk die Schlagzeilen lesen. Der junge Mann, der im blauen ärmellosen T-Shirt auf sie zuwankte, oder der ältere mit dem billigen Anzug, der in sein Telefon fluchte.

Noch ein Block zog vorbei, ohne dass jemand sie überfiel.

Und noch einer.

In fünf Minuten würde sie die Tür zweimal abschließen und in der Küche ihrer Mutter schüsselweise Cornflakes essen können. Wenn sie zuvor niemand packte, wenn sie keine Panikattacke bekam, konnte sie in ihrem alten Zimmer übernachten. An Belíssima Fashion und der Unibanco war sie schon vorbei. Mit jedem Gebäude sahen weniger Männer so aus, als wollten sie ihr die Kehle durchschneiden. Raquel registrierte die roten reduzierten Stilettos bei Lulu's, das Schaufenster danach, das der Buchhandlung Livraria Cultura – und sah plötzlich das Gesicht ihrer Mutter, aufgeblasen zu einem Plakat so breit wie eine Windschutzscheibe, die beunruhigenden grünen Augen groß wie Scheinwerfer.

Neben dem Gesicht ihrer Mutter war ebenso riesig der Umschlag ihres letzten Romans abgebildet: ein Sandwich voller winziger Menschlein, die sich an den Seiten herauswanden wie Würmer aus Obst. Raquel hatte ihrer Mutter erklärt, dass der Umschlag zu anstößig sei, dass kein Leser ihn in die Hand nehmen werde, und sie hatte recht gehabt. Seit Jahren hatte kein Buch ihrer Mutter so wenig Erfolg gehabt.

Doch nun griff hinter dem Fenster eine Frau im leichten Stretchkleid nach einem Exemplar, und ein Mann mit Hängebacken und Schnurrbart wartete schon, um es ihr nachzutun. Als sie die Bücher vom Stapel nahmen, sah Raquel wieder das Gesicht ihrer Mutter, kleiner, auf der Rückseite jedes Exemplars, und ihr fiel ein, dass ihre Mutter sie vor ein paar Wochen besucht hatte, mit einem Heftpflaster am Hals. Wie lange war das her? Ihre Mutter hatte gesagt, es sei nur ein Kratzer, sie sei mit der schlaffen Haut ihres alten Halses im Reißverschluss hängen geblieben. Aber vielleicht war es auch einer von Flamenguinhos Männern gewesen, mit einem Messer. Vielleicht hatte er ihr als Warnung einen Schnitt zugefügt, oder er hatte ihre Mutter schon zum zweiten Mal von der Straße gezerrt, und die Botschaft war gewesen: Diesmal ritze ich deine Haut. Von jetzt an wirst du bluten, wenn ich dich loslasse.

Beatriz war auch nicht auf der anderen Seite der Insel. Emma wusste es schon, als sich das Boot an den Pier heranschob. Es gab nur eine Straße, in der sich nichts regte, und ein paar Häuser mit Blechdach. An einem hing ein Schild, das auf ein Restaurant hinwies, aber es stand nur ein einziger Tisch darin, auf dem zwei Hühner hockten. Was das Gefängnis anging, so führte ein wild überwucherter Pfad Emma und Marcus zu bemoosten, verfallenden Zickzackmauern. Kaum etwas erinnerte an Beatriz' Tierorchester, höchstens ein Schwarm vampirartiger Fledermäuse, die kopfüber in einem Torbogen hingen.

Es tut mir so leid, sagte Emma, als sie im Schatten eines Guavenbaums stehen blieb, um sich das Gesicht abzuwischen. Im Internet konnte man nicht erkennen, dass alle Hotels auf der anderen Seite der Insel stehen, sagte sie. Aber trotzdem, ich hätte dich nicht hierherschleppen und dir Probleme mit deiner Schwester bereiten sollen.

Du hast mich nicht geschleppt. Marcus zuckte mit den Schultern. Ich wusste, es ist unwahrscheinlich, dass wir sie hier finden, aber wo sie auch ist, es wird unwahrscheinlich sein, und Raquel weiß, dass man sie nur findet, wenn man ein bisschen impulsiv vorgeht.

Marcus pflückte eine Guave vom Baum. Er schälte sie mit dem Daumen und erzählte Emma dabei von früher, als er noch zur Schule gegangen war und seine Mutter auf einmal keine Lebensmittel mehr gekauft und nicht mehr gekocht hatte. Als das schon ein paar Wochen so ging und er mit seiner Schwester im Supermarkt war, brüllte Raquel herum, ihre Mutter sei schwach und zu nachgiebig, wandte sich dann aber plötzlich zu Marcus um und sagte: Pute. Also ging Marcus Pute suchen, weil er annahm, Raquel würde *vatapá* machen wie ihre Mutter. Doch als sie nach Hause kamen, trafen sie ihre Mutter in der Küche an, wo sie Erdnüsse für die Soße mahlte und auf dem Tresen schon eine Dose Kokosmilch stand.

Keiner von uns hatte angerufen und ihr von der Pute erzählt, sagte Marcus. Aber das weißt du bestimmt über meine Mutter, hm? Man muss Geduld mit ihr haben, aber auch dem eigenen Instinkt vertrauen, nicht?

Emma wollte ihm gerade zustimmen, als Marcus plötzlich sein verschwitztes T-Shirt abstreifte. Sie versuchte, höflich wegzuschauen. Als er das Hemd bis zur Brust und über den Schweiß auf seinem Rücken gezogen hatte, waren ihre Bemühungen um Zurückhaltung längst gescheitert. Nun war ihr Tanktop vorn auch ganz feucht. Die Hitze brannte selbst im Schatten so sehr, dass sie von den Steinen auszugehen schien.

Wahrscheinlich wurde es deswegen Hexenkessel genannt, sagte sie.

Ach, es gab garantiert viel schlimmere Namen dafür. Marcus lachte und hockte sich hin, um eine in den Stein geritzte Strichliste zu untersuchen, mit der jemand die Jahre gezählt hatte. Der Typ hier war bestimmt Kommunist oder vielleicht auch ein Mörder.

Bei »Mörder« wurden beide plötzlich ganz still. Vor Emmas geistigem Auge erschien das Bild einer Waffe, die sich in Flamenguinhos Jackett abzeichnete, wie er es sicher beabsichtigt hatte. Und nun verschwendete sie zwei Tage mit einer belanglosen Idee, bei der sie sich im Flugzeug schlau vorgekommen war.

Als sie vor dem einsamen Restaurant standen, sagte Marcus, er sei zu ausgehungert, um zu warten und auf der anderen Seite der Insel zu essen, und Emma war der vergebliche Ausflug so peinlich, dass sie keine Einwände erhob. Drinnen gackerten die Hühner unter dem Tisch herum, und neben der Registrierkasse schlummerte inzwischen ein gewaltiges weißes Schwein.

Emma wollte gerade anmerken, dass anscheinend heute nicht gearbeitet werde und sie wohl doch warten müssten, als aus der Küche ein kleines Mädchen kam, das eine Plastikpuppe an den Haaren hielt und schwenkte. Marcus fragte das Mädchen, ob ihm oder seiner Freundin zum Thema Mittagessen etwas einfalle.

Das Mädchen sagte, seine Mutter habe einen Fischeintopf auf dem Herd stehen, und Marcus sagte, wunderbar, sie würden zwei Schalen nehmen. Angesichts der hygienischen Verhältnisse des Etablissements wollte Emma gerade sagen, eine zweite Schale sei nicht nötig, da drehte sich das Mädchen ganz plötzlich um und verschwand wieder in der Küche. Marcus, noch immer ohne Hemd, sagte, er werde dem Bootsmann am Pier Bescheid geben, der schon darauf wartete, sie zurück zur anderen Seite zu bringen. Schließlich saß Emma allein an dem wackligen Tisch und versuchte, nicht daran zu denken, wie ausgehungert sie war. Als eines der Hühner an ihrer Sandale pickte, trat sie nach ihm und schämte sich dafür.

Sie wünschte, sie hätte etwas dabei, auf dem etwas geschrieben stand, wenn auch nur eine alte Zeitschrift aus dem Hotel. Abgesehen von Wasser und ihrem Sonnenschutzmittel hatte sie nichts in der Tasche als ihr Notizbuch.

Also schlug sie es auf.

in Präp., bezeichnet ein Sichbefinden in einem physischen Raum oder innerhalb von etwas Abstraktem oder Immateriellem: *in Panik; in einer Fantasie, die man hat, während man zwischen einem schlafenden Schwein und zwei Hühnern sitzt, von denen sich eines gerade auf den Boden erleichtert hat.*

Die Fisch-*moqueca*. Emma spürte, wie sie ihr wieder hochkam, sobald sich die Fähre in Bewegung setzte. Mit einem Schwall gab sie den Fisch an der Reling dem Meer zurück.

Ai, Emma! Marcus packte sie am Arm, damit sie nicht über die Reling kippte. Du musst Wasser trinken. Komm. Schon führte er sie in Richtung Treppe zur Snackbar, doch Emma war so flau im Magen, dass sie nicht hinaufsteigen konnte.

Ich warte hier, sagte sie und ließ sich auf einen Stapel Rettungsflöße plumpsen. Auf dem Weg zur Insel war ihr gar nicht aufgefallen, wie sehr die Fähre schaukelte, aber nun spürte sie es, jede winzige Hebung und Senkung. Es war durchaus möglich, dass sie zur Suche nach ihrer Autorin gar nichts beitragen konnte, das wurde ihr trotz aller Übelkeit klar. Damit die ganze Sache nicht noch peinlicher wurde, musste sie gleich morgen einen Flug nach Hause buchen. Sie würde Miles anrufen und sich dafür entschuldigen, dass sie seine Mails nicht beantwortet hatte. Nun lebten sie schon so lange zusammen, wussten, wer welchen Becher am liebsten für Kaffee oder für Tee benutzte. Es sprach nichts dagegen, gemeinsam Gespräche mit Caterern zu führen und sich auf einen Hochzeitstermin festzulegen.

So ausgestreckt auf den Rettungsflößen, mit geschlossenen Augen, war sich Emma fast sicher. Sie hatte allen Grund, dankbar zu sein, für Miles und seine Beständigkeit. Er und sie würden mit großer Freude trainieren und Müll trennen.

Dann kam Marcus zurück und beugte sich über sie, mit einer Wasserflasche, die noch tropfte vom Eis, in dem sie gelegen hatte. Als er fragte, ob sie noch ein bisschen in Ruhe liegen bleiben wolle, wusste sie, dass die richtige Antwort Ja gelautet hätte. Doch sein Handgelenk war nur ein paar Zentimeter entfernt, und schon krabbelten ihre Finger seinen Arm hinauf. Den Sohn ihrer Autorin nur einmal zu küssen, auf einem Stapel Rettungsflöße, musste ja nichts bedeuten.

Es sei denn, sie tat es noch mal.

Und dann noch mal in der letzten Reihe des Busses, der sie zurück nach Rio brachte.

Und im Taxi vom Busbahnhof, als es im Tunnel nach Copacabana kurz dunkel wurde.

Das hier muss aufhören, sagte sie.

Was Marcus betraf, so ließ er seine Hand, wo sie war, zwischen ihren Beinen.

zwischen Präp., **1.** Bezeichnet die Gemeinsamkeit einer Handlung ›*zwischen den beiden*‹, markiert jedoch auch eine Differenz oder Abgrenzung ›*zwischen einer Autorin und ihrem Sohn*‹. **2.** Bezeichnet einen Abstand ›*zwischen einem kurzen Tunnel in Rio und dem fernen Pittsburgh mit den Katzen*‹.

Um vier Uhr früh hörte Raquel auf zu lesen. Sie war zweihundert Seiten weit gekommen – vielleicht war das der Roman, an dem ihre Mutter gearbeitet hatte, als sie ihr Verschwinden in den Baum inszenierte, vielleicht aber auch nicht. Bis zum Abend zuvor hatte sich Raquel auf dem Computer nur die Poker-Konten ihrer Mutter angesehen. Word-Dokumente hatte sie nicht geöffnet, doch da hatte man sie auch noch nicht mit abgeklemmtem Hals in eine Einfahrt gezerrt. Raquel war so müde, dass sie jeden Satz dreimal lesen musste, wusste aber, sie würde erst schlafen können, wenn sie am Ende angelangt war. Der Roman spielte in den Siebzigern, und es wechselten sich immer wieder dieselben beiden Szenen ab. Und nach jedem erneuten Erzählen lösten sie sich in willkürliche Zahlen und Buchstaben auf, als hätte ihre Mutter keine Kontrolle mehr über ihre Hände gehabt, sodass da nur noch so etwas stand wie 3r#T)_4tg09NGJOP!@#)%$*PGM:-t-gtkltpjhhjIasd920-tiu34-tu3y5–2y-u9jgdfpgj und so weiter und so fort.

Es war das Werk eines gebrochenen Menschen,

eines Menschen, der von den eigenen Gedanken so durcheinander war, dass er nur noch Unsinn tippen konnte. In beiden Szenen ging es um eine Frau, die Anfang der Siebziger in Rio ein Studium abgeschlossen hatte, wie Raquels Mutter. Die erste Szene spielte im Cine Paissandu, dem Kino, wo Künstlertypen während der Diktatur gegrübelt und getrauert hatten. In jeder Version der Szene passierte etwas mit dem Film: Die Spule brach, oder die Tonanlage setzte aus. Während das Publikum darauf wartete, dass es weiterging, trat die Frau auf die Gasse hinter dem Kino, um eine Zigarette zu rauchen. Die anderen Raucher gingen wieder hinein, doch sie war zu unruhig und blieb. In der Annahme, sie wäre allein, setzte sie sich auf die Treppe, um in der Gasse noch eine zu rauchen.

Aber sie war nicht allein. Da war ein Schatten. Er kam näher und –

Der Satz hörte einfach auf, unvollendet. Dann kam ein Seitenumbruch, und dieselbe Szene begann erneut, mit derselben Frau, allein in derselben Gasse. Manchmal dauerte es sieben Seiten, bis der Schatten kam, manchmal nur einen Absatz, doch jedes Mal, wenn der Schatten im Begriff war, die Frau zu erreichen, gingen ihrer Mutter plötzlich die Worte aus.

Die Szene begann in allen Versionen genau gleich, nur, dass die Frau einmal in einem blauen Leinenkleid auf die Gasse trat und einmal in einem aus Baumwolle. Oder sie trug einen Rock. Oder sie hielt die Zigarette nicht in der rechten, sondern in der linken Hand. Als gälte es nur, die richtige Kleidung oder Zigarettenhaltung zu finden, um zu verhindern, was dann geschah.

Doch der Schatten näherte sich immer, und die Kleidung der Frau wurde weiterhin peinlich genau beschrieben, bis hin zur quadratischen Form der Metallknöpfe an ihrer Bluse und dem Namen des Dienstmädchens, das ihr Hemd am Morgen gebügelt hatte, und dann war der Schatten da und hielt ihr den Mund zu, und wieder brach die Passage unvollendet ab.

Auf der nächsten Seite stand dann entweder eine neue Version oder eine ganz andere Szene, die in Salvador da Bahia spielte, anscheinend dieselbe Frau, aber verheiratet, mit einem Baby und im Urlaub. Zu dritt saßen sie in einem belebten Restaurant am Meer. In jeder Version der zweiten Szene schlug der Vater mit der Hand auf den Tisch und sagte der Frau, sie solle aufhören, Löcher in die Luft zu starren. Er verspottete sie dafür, ein Restaurant mit so kleinen Portionen und schlechter Bedienung ausgesucht zu haben – Kommentare, wie sie Raquels Vater in Restaurants abgegeben hatte.

Beziehungsweise der Mann, den Raquel für ihren Vater gehalten hatte. Vor allem nach seinem Tod hatten die Leute Bemerkungen gemacht, sie sehe ihm gar nicht ähnlich. Dasselbe galt natürlich für ihre Mutter. Wem siehst du denn nun eigentlich ähnlich?, hatten die Eltern ihrer Freunde immer gefragt, wenn sie ihr zusammen mit ihrer Mutter und Marcus begegneten. Ihr selbst war es immer sonderbar vorgekommen, dass ihre Eltern so überstürzt geheiratet hatten und dass ihre Mutter den Nachnamen ihres Vaters trug. Vielleicht war es darum gegangen, jeden Zweifel an seiner Vaterschaft auszuschließen.

Aber vielleicht war diese nicht zu Ende erzählte Geschichte ganz einfach Fiktion, und nur die Details erinnerten irgendwie an ihre Familie. Soweit Raquel wusste, brachen die Textfassungen ihrer Mutter immer so ab, wenn es schwierig wurde und ihre Mutter noch nicht wusste, wie es weitergehen sollte. Wenn es in der Restaurantszene so aussah, als würden die Frau und ihr Mann gleich streiten, flüchtete sich die Frau in surreale Beschreibungen des Fischs auf ihrem Teller, der ihr mit seinem öligen Auge zuzwinkerte, oder des Mannes am Nebentisch, der eine vergilbte, dreiundsiebzig Jahre alte Zeitung las. Oder ihre Mutter schrieb einfach nur »NACHRECHERCHIEREN«, als wäre das Datum der Zeitung oder die Frage, welche Sorte Fisch die Frau vom Teller aus anstarrte, von ungeheurer Bedeutung.

Raquel massierte sich die Schläfen. Sie hatte immer gewusst, es würde sie niederschmettern oder entfremden oder beides, wenn sie die Literatur ihrer Mutter las. An dieser Stelle musste sie sich einfach hinlegen und eine Pause machen. Je weiter sie las, desto öfter gingen die Szenen in frustrierende, willkürliche Buchstabenfolgen über: zwei Wörter, und dann AOGFH$#T)IGR ..., anschließend eine Beschreibung der Schuhe des Kellners, und dann ^OIEWQJGFLD GASDFJHEWR#$TIGJG)GJGTJBHT)TH)L:O))# $*()U_)ORGNGWE@#)R* ... und so weiter und so fort, seitenlang, wo doch eigentlich der Rest des Romans hingehörte.

Raquel fragte sich, welche der Freundinnen ihrer Mutter wissen konnte, ob die Geschichte mit dem Schatten in der Gasse wahr war. Vielleicht wusste es niemand, vielleicht hatte sich ihre Mutter aber auch während einer ihrer Krisen irgendeiner unzuverlässigen Schriftstellerfreundin anvertraut, und diese Freundin hatte es allen anderen erzählt. Vielleicht war die Geringschätzung ihrer Person, die Raquel bei den Freundinnen ihrer Mutter zu spüren glaubte, weil sie sich nicht genug für Literatur interessierte, gar keine Geringschätzung, sondern ein Unbehagen angesichts dessen, was sie über Raquel wussten, im Unterschied zu ihr selbst. Vielleicht war es Mitleid – eine Möglichkeit, bei der Raquel noch mehr Verachtung für sie empfand.

Doch dieses Chaos aus unvollendeten Sätzen auf dem Computer ihrer Mutter war kein Buch für andere Leser, jedenfalls noch nicht. Wenn die Szene in der Gasse wahr war, dann gehörte sie ihr ebenso sehr wie ihrer Mutter. Und niemandem sonst.

Rocha holte seinen bewährtesten Kochtopf hervor und eine über Nacht gekühlte Flasche seines bevorzugten chilenischen Carménère, des unvergleichlichen Veramonte. Draußen vor der Küche hatte Alessandro die Salieri-Arie aufgedreht, die auf ihrem Grammofon lief, *Prima la musica, poi le parole*, und sich mit der Zeitung auf die Couch gelegt.

Ave Maria, sagte Alessandro. Hast du das gesehen? Er hob das Titelblatt des Klatschteils hoch, damit Rocha es lesen konnte. Wieder ein Foto von Beatriz' Sohn und ihrer amerikanischen Übersetzerin auf der Ilha-Grande-Fähre, nur dass die junge Frau diesmal offenbar über die Reling kotzte.

Ai, que vulgar. Rocha nahm Alessandro das Blatt ab, um es genauer zu studieren. Schon zum dritten Mal in dieser Woche stand Beatriz mit ihrer fortdauernden Abwesenheit in der Zeitung. Er hatte immer geglaubt, dem Ruf von Schriftstellern wäre nichts dienlicher als Sterben. Doch noch vielversprechender als Sterben war anscheinend ein spektakuläres Verschwinden.

Das brachte ihn auf einen Gedanken.

Noch im Aufzug war es ihr Gedanke, nur einmal Sex zu haben und dann Raquel Bescheid zu sagen, dass sie wieder in Rio waren. Bloß einmal, sagte Emma zweimal, nur, damit wir es los sind. Dann können wir uns wirklich darauf konzentrieren, deine Mutter zu finden, ohne uns gegenseitig abzulenken. Nur einmal Sex in der brüllheißen Wohnung seiner Mutter, und fertig. Doch als sie die Tür aufschlossen, war es in der Wohnung keineswegs brüllheiß. Es war kühl, die Klimaanlage summte in allen Zimmern, obwohl Emma sie vor dem Aufbruch nach Ilha Grande abgestellt hatte, das wusste sie genau.

Raquel war sicher kurz hier und hat vergessen, sie abzustellen, sagte Marcus. Komm her. Er zog an Emmas Hüften, bis sie ihm entgegenkippte. Emma war sicher, wenn sie anderswo gestanden hätten, nicht vor den Bücherregalen ihrer Autorin, den Titeln, die sie jahrelang mit den Fingern gestreift hatte wie heilige Schriftrollen, dann wäre sie zurückhaltender gewesen, dann hätte sie sich nicht in dieser Weise selbst das Kleid über den Kopf gezogen.

Als Marcus ihr den getupften Slip über die Knie streifte, murmelte sie etwas davon, sich das noch ein bisschen zu überlegen. Aber sie wollte nicht überlegen. Sie wollte ihren Slip mit dem Zeh in den Flur schleudern.

Also tat sie es, und die Bewegung war göttlich.

Nichts war mehr im Weg.

Auf dem Balkon war Raquel schon bei der dritten Schale Sucrilhos. Der Kühlschrank ihrer Mutter hatte sonst nichts enthalten, das sie ansprach, und nichts war so befriedigend, wie sich über einen Karton kalte Cornflakes herzumachen.

Entsprechend schwamm eine Formation durchweichter Sucrilhos auf der Milch in ihrer Schale, als sie wieder in die Wohnung trat und etwas keuchen hörte. Ein deutlich vernehmbares Klopfen drang aus dem Flur, dessen Rhythmus anzog, während das Keuchen heftiger wurde. Raquel umklammerte ihren Löffel und stürmte ins Wohnzimmer, sodass die Milch über den Rand ihrer Schale schwappte.

Meu Deus, Marcus!, rief sie und brach in Schluchzen aus. Gerade hatte ihr jemand ein Messer an den Hals gesetzt. Gut möglich, dass ihr Vater ein grässlicher Fremder aus einer Gasse war. Und jetzt stieß auch noch ihr Bruder in die Übersetzerin ihrer gemeinsamen Mutter und warf dabei die geliebten Bücher der Mutter zu Boden.

Wir werden alle umgebracht, ihr Idioten. Kapiert ihr das nicht?

Marcus zog sich mit weit aufgerissenen Augen aus Emma zurück und drehte sich um, sodass Raquel die volle Erektion ihres Bruders anstarren musste, in einem geriffelten kaugummilila Kondom.

Caralho, Marcus, sagte sie, pack deinen *pau* weg. Neben ihm zog sich Emma bereits so hektisch das Kleid über den Kopf, dass sie dabei mehrere Bücher vom Regal hinter ihr herunterwarf. Als sie zu Boden krachten, flatterte ein Umschlag heraus, rutschte über den Flur und verschwand unter dem gegenüberliegenden Regal. In jeder anderen Woche hätte Raquel diesen Umschlag dem uferlosen Krempel ihrer Mutter zugeordnet und einfach liegen lassen.

Doch mittlerweile hatte alles eine Bedeutung, konnte alles darüber entscheiden, ob sie ihre Mutter noch einmal sah oder nicht.

Rück das Regal ab, Marcus, beeil dich, ordnete sie an. Worauf wartest du?

Nackt wie er neunundzwanzig Jahre zuvor im Hospital Geral de Bonsucesso zur Welt gekommen war, zog und zerrte Marcus an dem Regal, doch die Bücher standen dicht und in drei Reihen. Nicht einmal mit Raquels Hilfe ließ es sich bewegen.

Emma ging auf die Knie und fing an, mit beiden Händen Bücher herauszuziehen, um das Regal leichter zu machen. Raquel hatte nie weniger Lust gehabt, sich mit der Übersetzerin ihrer Mutter zu verbünden, und als sie es trotzdem tat, schob sie Emmas Stapel beiseite und riss die Bücher demonstrativ schneller und heftiger aus dem Regal.

Als endlich genügend Bücher abgeräumt waren und das Regal sich bewegen ließ, sorgte Raquel dafür, dass sie den Brief als Erste zu fassen bekam. Er war ein Jahr zuvor in Rio abgestempelt worden. Ihr fiel niemand ein, der sich in derselben Stadt die Mühe gemacht hätte, ihrer Mutter einen Brief zu schreiben, bis sie die geprägte Karte herauszog. Natürlich. Sie kam von diesem anmaßenden ersten Verleger ihrer Mutter, Roberto. Auf der Karte ging es nur um die komplizierten Details einer Tischgesellschaft, und darum, was es zu essen geben würde.

Nicht der Rede wert, sagte Raquel. Nur eine belanglose Karte von einem Freund, wegen einer Einladung. Sie warf die Karte in den Blechpapierkorb neben dem Fernseher. Sie wusste, Emma würde sie wieder herausholen, es aber erst wagen, in den Abfall zu greifen, wenn Raquel das Zimmer verlassen hatte. Natürlich, wo doch ihr getupfter Slip am Griff eines Schirms neben der Tür hing.

Raquel verschränkte die Arme und betrachtete die Kakibäume draußen auf dem Balkon. Sie konnte Emma nicht wegschicken. Aber sie konnte sie warten lassen.

An: eneufeld@pitt.edu
Betreff: Re: Lebst du noch?

Emma, so zu verschwinden ist verrückt. Deine Eltern sagen, sie haben auch nichts von dir gehört. Julia aus deiner Abteilung hat dir hundert Nachrichten auf dem Anrufbeantworter hinterlassen, dass du so bald wie möglich deine Sprechzeiten für das Frühjahrssemester bestätigen musst. Tut mir leid, dass ich auf dem Weg zum Flughafen ausgeflippt bin, aber was du jetzt machst, ist grausam. Du musst antworten. Ich bin sicher, in Beatriz' Familie sind alle dankbar dafür, dass du da bist, und du warst eine riesengroße Hilfe. Bloß sag mir, wo du bist.

Emma hatte sich ins Gästezimmer zurückgezogen und genoss nun still, was sie gefunden hatte. Abzuwarten, bis Raquel das Zimmer verließ, war unerträglich gewesen, aber es hatte sich gelohnt. Nun, wo sie Rochas Karte gelesen hatte, war sie so nervös, dass sie gar nicht mehr zu belauschen versuchte, was Raquel in der Küche zu Marcus sagte. Es war ohnehin schwierig gewesen, zu verstehen, was zwei Zimmer weiter gesprochen wurde. Emma hatte lediglich mitbekommen, dass Raquel am nächsten Morgen gehen würde und Marcus auch aufbrechen wollte, Raquel aber immer wieder Nein sagte, er sei inzwischen eine zu große Belastung, da er es geschafft habe, mit seinem Bild in sämtlichen Klatschspalten zu erscheinen. Dass Emma ebenfalls auf den Fotos war, hatte keiner von beiden erwähnt, was sie erleichterte, aber auch beleidigte und herabsetzte – nichts Neues, diese widerstreitenden Gefühle einer Übersetzerin. Dieser Konflikt rief in Emma ein Unbehagen vor, das sie allmählich sonderbar bestrickend fand. Sie musste sich einfach immer fester darum herumwickeln, wie ein Faden um eine Spule.

Einmal glaubte sie zu hören, wie Marcus einwandte, wenn er und Raquel Hinweisen nachgehen wollten, die mit dem Schreiben ihrer Mutter zusammenhingen, dann müssten sie unweigerlich zugeben, dass Emma viel mehr über ihre Mutter als Schriftstellerin wisse als sie beide.

Vielleicht war es aber auch so, dass Emma genau das hören wollte.

Jedenfalls lag ihr Triumph in Form dieser Karte auf ihrem Schoß, elegant verfasst in Roberto Rochas erlesener Handschrift. Emma hatte gar nicht gewusst, dass Beatriz Kontakt zu ihm gehalten hatte, seit sie bei ihrem portugiesischen Publikumsverlag war. Auf der Karte ging es vor allem um Klatsch und die umfassende Beschreibung verschiedener Speisen. Doch in einem Absatz, nach der ausführlichen Darstellung einer Zitronengrassoße für Hähnchenspieße, schrieb Rocha: All das will nur heißen, dass es Hähnchen gibt, wenn du nächste Woche kommst, meine Liebe. Was deinen Anruf betrifft, so weißt du, ich bin immer da, um dir als Gonzaga zu dienen.

Emma wusste nur von einem Gonzaga in der brasilianischen Literatur. Zur Bestätigung dieser Ahnung klickte sie ihre Mails weg, Miles' und Julias dringende Anfragen nach ihren Sprechzeiten. Die Auskunft stieg aus dem trüben Meer der Google-Nichtigkeiten empor: sechsundzwanzig Treffer für Antonio Gonzaga, jüngster Sohn im Bergbauimperium der Gonzagas aus dem Staat Minas Gerais, Gönner verschiedener Schriftsteller des *modernismo* und der kubistischen Malerin Vera Coutinho.

Beflügelt gab sie als Nächstes Roberto Rocha ein. Um zur Website von Rochas Verlag zu gelangen, musste sie sich durch seitenweise Lifestyle-Artikel über diverse extravagante Rocha-Geschwister scrollen – eine, die für fünfzigtausend Dollar ein italienisches Hochzeitskleid gekauft hatte, und einer, der nur mit Helikopter reiste und auf seiner dreigeschossigen Jacht wilde Partys schmiss. Nach all den glamourösen Brüdern und Schwestern wirkte Rochas Verlags-Website nicht nur veraltet, sondern geradezu primitiv. Sie enthielt nichts außer einer Titelliste. Keine Autorenfotos, keine Links oder Klappentexte. Das einzige Bild auf der Homepage zeigte das überladene Kolonialgebäude an der Rua Francisco Sá, in dem der Verlag residierte, ein Foto, das zu sagen schien: Wir sind über Websites und eingebettete Links erhaben. Schaut, was wir besitzen.

Wenn Beatriz Rocha also schon einmal gebeten hatte, ihr Gonzaga zu sein, dann war es kaum vorstellbar, dass sie ihn jetzt nicht um Geld anging. Raquel hatte gesagt, dass alle Konten ihrer Mutter überzogen waren. Wie viel Geld Beatriz auch mit in diesen Mandelbaum genommen hatte – irgendwann würde es ihr ausgehen. Es sei denn, sie hatte ihren Gonzaga bereits ausfindig gemacht.

Emma stand vom Bett auf, um ihre Erkenntnis mit Marcus und Raquel zu teilen, doch an der Tür blieb sie stehen. Es war besser, Marcus später davon zu erzählen, allein. Oder noch besser, einfach abzureisen und gar nichts zu sagen, falls sie schon wieder komplett danebenlag. Sie wollte die beiden kein zweites Mal irreführen oder sich selbst noch einmal so blamieren. Sie konnte einfach bei ihrer Geschichte bleiben, dass sie am Morgen nach Pittsburgh fliegen würde, was sich jetzt allerdings nicht mehr durchführen ließ, nicht nach dieser Karte von Rocha. Sie zwang sich kurz im Geist nach Shadyside zurück, in ihr zugiges Schlafzimmer, wo Miles neben ihr im Dunkeln mit den Zähnen knirschte, wo die Heizung im Keller knallte, als säße jemand darin fest und würde mit einem riesigen Topfstapel klappern. Nein, sie konnte nicht fahren, noch nicht.

Emma setzte sich wieder auf eins der Einzelbetten im Gästezimmer und schlug in ihrem Tagebuch eine neue Seite auf. KAPITEL ZWEI: **JACKPOT.**

Jackpot m., Amerikanismus unbekannter Herkunft. **1.** Ein beträchtlicher Gewinn infolge eines Glücksspiels. **2.** Ein plötzlicher, schicksalhafter Zufluss, durch den sich eine Person vielleicht noch einmal überlegt, wie viel sie als Nächstes riskieren will: *Nach ein, zwei Fehlschlägen ist die amerikanische Übersetzerin wie manche ihrer Landsleute dafür bekannt, dass sie vor nichts zurückschreckt, um zu beweisen, dass auch sie den Jackpot knacken kann.* **Siehe auch:** stur. **3.** Ein Wort, das zur Rechtfertigung dient, wenn man mehr riskiert, um etwas Unwahrscheinliches zu erreichen. **Siehe auch:** Ausgleich.

Editora Eco war wie eine Mülldeponie für Manuskripte. Emma hatte noch nie so viele vergilbte, verschmachtende Papierstapel auf einmal gesehen. Vielleicht wollte Rocha neue Autoren abschrecken. Auf einem Stapel hatte jemand eine Dose Oliven stehen lassen, die ziemlich traurig aussah.

Kann ich Ihnen helfen?, fragte die Empfangssekretärin hinter einer Säule aus Büchern und Manuskripten hervor, die neben ihrem Schreibtisch stand.

Bom dia, sagte Emma. Ist Roberto Rocha heute da?

Der ist gerade nach Salvador gefahren. Worum geht es denn?

Ich wollte ihn fragen … Emma hielt inne, denn gerade war ihr ein Buch aufgefallen, das neben dem Telefon lag.

Ist das ein Roman von Beatriz Yagoda?

Ja, wir bringen *Hast du die Schmetterlinge gekostet* neu heraus. Ist es nicht wunderbar? Das Mädchen reichte Emma das Buch. Der neue Umschlag war schnittig und minimalistisch, eine silberne Gabel mit passendem schmalem Löffel, sonst nichts. Er wirkte wie ein in *Architectural Digest* erschienenes Bild aus einer aufgemotzten Küche und hätte nicht weiter weg sein können vom üppigen Blattpflanzenchaos auf dem ursprünglichen Umschlag aus den Siebzigern. In den zwei Jahren, die Emma gebraucht hatte, um das Buch zu übersetzen, hatte sie diese Pflanzen so gründlich kennengelernt wie die Poren auf ihrer Nase.

Alle legen ihre Bücher schleunigst neu auf, jetzt, wo sie verschwunden ist, sagte das Mädchen und beugte sich dann plötzlich vor, als hätte sie unter dem Fußboden ein sonderbares Geräusch gehört. Sie waren doch auf den Fotos von der Fähre, mit ihrem Sohn, in der Zeitung. Sie sind ihre Übersetzerin, die aus Amerika!

Diese Fotos waren sehr missverständlich, antwortete Emma. Das versichere ich Ihnen, sagte sie. Doch ihr *te juro* kam eher heraus wie *joelho*, das Wort für Knie.

Jetzt welkten sie alle auf dem Balkon – die geliebten Kakibäume ihrer Mutter. Raquel hatte es mit mehr und dann mit weniger Wasser versucht, aber anscheinend spielte das keine Rolle. Was sie ihnen auch gegeben oder vorenthalten hatte, die vier Früchte, deren Schale unter der Pflege ihrer Mutter ein tiefes Orange angenommen hatten, waren nun schlaff und faulig braun.

Ob die Kakibäume nun eingingen oder nicht, Marcus hatte Raquel versprechen müssen, sich weiter um sie zu kümmern, denn sie selbst würde an diesem Vormittag nach Salvador fliegen. Wenn sie die Bäume ihrer Mutter so schnell aufgaben, was wäre dann als Nächstes dran? Und was, wenn ihre Mutter plötzlich nach Hause kam und sie so vernachlässigt da draußen stehen sah?

Du musst draufpissen, hatte Thiago ihr tags zuvor auf der Arbeit erklärt. Er hatte gesagt, sein Großvater habe bei mickernden Bäumen auf ein bisschen Frauenurin geschworen. Irgendwas mit den Hormonen im weiblichen Pipi, vor allem gleich nach dem Aufwachen. Am besten schläfst du dort und pisst sie direkt am Morgen an, hatte er ihr geraten, und auch wenn Raquel sich noch über die Kakibäume hocken musste, war der Rat hilfreich gewesen, denn durch ihn war ihr klar geworden, dass sie gar nicht so beunruhigt war, wie sie geglaubt hatte, und auch nicht so wild entschlossen, die Bäume zu retten.

Immerhin hatte sie vor ihrem Aufbruch nach Salvador das Problem Emma gelöst. Weil Emma heute endlich nach Pittsburgh zurückfliegen würde, hatte Raquel ihr nichts von ihrem eigenen Flug an diesem Vormittag erzählt. Sie wollte nicht riskieren, dass Emma noch blieb. Raquel war sicher, dass sie andere Ahnungen hatte als Emma. Ihre Mutter hatte kurz vor ihrem Verschwinden etwas über Salvador geschrieben, das unvollendet geblieben war. Selbst Thiago war der Meinung gewesen, dass sie fahren sollte. Es ist furchtbar ungünstig, wenn du jetzt nicht da bist, hatte er gesagt, aber du musst fahren und deine Alte suchen. Sag ihr, sie soll wieder in ihren Baum steigen, wo sie hingehört.

Mit Thiagos Segen hatte sich Raquel halbwegs wohlgefühlt, bis sie am Flughafen ankam. Doch im Terminal spürte sie dann, dass jemand sie beobachtete. Vielleicht wurde sie allmählich auch paranoid. Zur Beruhigung kaufte sie zwei *salgados* mit Schinken und Käse, von denen sie aber nur Durst und Blähungen bekam. In der Zeitung vom Donnerstag war ein Foto von drei Frauen gewesen, in einem Einkaufswagen aufgeschichtet wie Hähnchenteile, so brutal verstümmelte Glieder, dass man kaum sagen konnte, wo ein Körper aufhörte und ein anderer begann. Gut möglich, dass einer von Flamenguinhos Männern jetzt hier war und sie in Salvador verfolgen würde, bis sie ihre Mutter gefunden hatte, um sie dann beide abzuschlachten.

Wenn die Nachrichten dann über ihren Tod berichteten, würde es lediglich heißen, dass sie Beatriz Yagodas Tochter war. Man würde ganz kurz oder kurz ein Foto von ihrem runden, gewöhnlichen Gesicht einblenden und dann wieder zeigen, wie ihre grünäugige Mutter mit den hohen Wangenknochen im Alter von neunundzwanzig im Fernsehen den Jabuti-Preis bekam. Und das wäre es dann gewesen, ihr Leben wäre vorbei. Thiago würde nach Hause zu seiner Frau und seinen Kindern gehen und ihre Stelle mit einer Jüngeren besetzen.

Raquel presste die Hände an die Schläfen, wusste nicht, was sie tun sollte, überlegte, einfach wieder nach Hause zu fahren. Und dann? Sie hatte sich bereits ein paar Tage freigenommen und vierhundert Reais für ihr Ticket ausgegeben. Die Anzahlung für das Hotel würde sie jetzt nicht mehr zurückbekommen. Raquel wog noch die Kosten gegen die Angst auf, als sie ins Flugzeug stieg. Vor ihr in der Schlange stand ein großer, kahlköpfiger Mann mit einer wulstigen Narbe im Nacken. Von einem Messer.

Vielleicht stammte die Narbe auch bloß von einem

Sturz vom Pferd. Oder aus einem Auto. Raquel fuhr sich mit einer Hand über das heiße Gesicht. Ihr Mund war so trocken, dass sie nur mühsam schlucken konnte. Sie würde einen Weg finden müssen, um dieser Paranoia ein Ende zu setzen. Den ganzen Tag hatte sie mit Gewerkschaftsführern zu tun, die sie anbrüllten. Wenn die ihr förmlich ins Gesicht sprangen und drohten, jeden Bergarbeiter in Brasilien zwangsweise von PetroXM abzuziehen, fixierte sie die Männer einfach nur. Sie würde jetzt nicht einknicken. Sie musste sich bloß auf die Gänge konzentrieren, einen nach dem anderen, auf das pummelige kleine Mädchen, das gerade über eine Sitzkante gespäht hatte und dann verschwunden war. Raquel zwang sich zur Konzentration auf diesen Sitz, darauf, das runde Gesicht des Mädchens noch einmal zu sehen. Doch als sie näher kam, saß gar kein Kind in der Reihe. Nur eine Frau mittleren Alters, die an ihrer Nagelhaut zupfte und *Hast du die Schmetterlinge gekostet* von Beatriz Yagoda las.

Hast du die Schmetterlinge gekostet *von der noch immer vermissten Beatriz Yagoda gesellt sich diese Woche zu ihren anderen Titeln auf der Bestsellerliste – und hier noch eine heiße Neuigkeit für alle Yagoda-Fans: Radio Globo hat gerade die Meldung erhalten, dass ein zweiter Schriftsteller Zuflucht in den Bäumen Rios gefunden hat. Ein junger Romancier namens Vicente Tourinho wurde zuletzt gesehen, wie er im schönen Jardim de Alá einen Banyanbaum erklomm.*
Was ist mit unseren Schriftstellern los, Brasilien? Was treibt sie in unsere Stadtparks und hinauf in die Bäume?

Emma versteckte sich bei der Gepäckausgabe hinter einer Säule. Früher hatte es ihr immer Freude gemacht, ihren grünen Trolley zwischen dunklen Gepäckhaufen auf sich zukommen zu sehen. Damals hatte sie aber auch nicht versucht, sich vor jemandem zu verstecken, der mit demselben Flug gekommen war.

Vielleicht hatte sie Glück, und Raquels Gepäck tauchte zuerst auf.

Aber nein, da kam ihr grüner Trolley schon hinter den Gummiklappen hervorgeflutscht und fuhr mit dem Band auf Raquel zu, die ihn anstarrte, als hätte sie an ihrem Kinn gerade ein dickes nachgewachsenes Haar entdeckt.

Als Raquel nach dem Trolley griff und ihn vom Band zerrte, beschloss Emma, dass ihr nichts anderes übrig blieb, als verlegen hinter dem Pfosten hervorzutreten. Vor ihrer Abreise hatte sie Marcus erzählt, wo sie hinfuhr, ihn aber gebeten, Raquel nichts zu verraten, nicht, bevor sie etwas berichten konnte, das sie reinwusch. Am Abend zuvor hatte sie demonstrativ ihre Sachen an der Tür abgestellt, um deutlich zu machen, dass sie am Morgen abreisen würde. Und dann war sie zum Flughafen gefahren. Was ihr Reiseziel anging, so hatte sie nur gelogen, um Raquel nicht weiter zu reizen. *Traduttore, tradittore* – dieses abgedroschene, überstrapazierte italienische Klischee, das den Übersetzer zu einem Verräter machte.

Wenn sie nur als Mann in Babylon zur Welt gekommen wäre, wo man Übersetzer gefeiert hatte, weil sie neue Sprache schufen. Oder während der Renaissance, als man im Übersetzen kurzzeitig eine Tätigkeit sah, die so visionär war wie das Schreiben. Damals wäre sie in ihrem Element gewesen. Während der Renaissance hatte sich keine Übersetzerin entschuldigen müssen, wenn sie ihrem Instinkt folgte und sich für das Werk einer der außergewöhnlichsten, unterschätztesten Schriftstellerinnen ihrer Zeit engagierte.

Es war, als enthielte jede Sekunde ihres Wegs zu Raquel ein komprimiertes Jahrhundert. Hör mal, sagte Emma, als sie vor ihr stand. Es ist nicht so, wie es scheint. Ich weiß, es sieht aus, als wäre ich dir hierher gefolgt, aber ehrlich –

Du hast gesagt, du lässt uns endlich in Ruhe. Du hast gesagt, du fliegst nach Pittsburgh. Raquels Stimme wurde mit jedem Wort schriller.

Ich bleibe nicht lange, ich schwöre. Ich suche nur Rocha und –

Rocha? Was macht der denn hier?

Er ist gestern nach Salvador geflogen, sagte Emma. Bist du nicht deswegen hier?

Ich muss dir nicht sagen, weswegen ich hier bin.

Nein, natürlich nicht. Emma griff nach ihrem grünen Trolley, doch Raquel streckte den Fuß aus, um die Rollen zu stoppen.

Wo wohnt Rocha?

Ich weiß nicht, sagte Emma. Wenn ich ihn finde, rufe ich dich an.

Ach, tatsächlich. Raquel verschränkte die Arme. Und was tust du für meine Mutter, wenn du sie findest? Zahlst du ihre Schulden ab? Schützt du sie vor dem Kredithai, den du für ihren Freund gehalten hast?

Ich ... Na ja, ich dachte, ich könnte ...

Du hast keine Ahnung. Raquel schnaubte. Gib's zu, und du solltest bedenken, dass sie dich genauso umbringen würden wie mich und Marcus. Denen ist es egal, dass du Amerikanerin bist.

Diese Möglichkeit ist mir bewusst, sagte Emma, doch in Wahrheit war sie ihr nicht bewusster als ein schwaches Donnergrollen, wie man es an trockenen Tagen hört und wegen seines bedrohlichen Klangs aufregend findet, ohne zu glauben, dass man deswegen nach drinnen gehen sollte. Wenn du mich irgendwie brauchst, sagte Emma zu Raquel, ich habe deinem Bruder die Nummer meines Hotels gegeben.

Und damit rollte sie ihren knalligen Trolley in Richtung Ausgang und Mittagssonne, die draußen wartete. Am Mittag, so hatte Beatriz in ihrem ersten Roman geschrieben, war die brasilianische Hitze das Maul eines Tiers. Es würde alles schlucken, um sich zu sättigen.

An: eneufeld@pitt.edu
Betreff: Re: Re: Lebst du noch?

Emma, du musst damit aufhören. Bist du noch sauer wegen der Dinge, die meine Mutter gesagt hat? Ich hätte dich verteidigen sollen, das gebe ich zu, aber ehrlich, ich dachte, es wäre leichter, gar nicht darauf einzugehen und das Thema zu wechseln. Meine Mutter hat ihr erstes Kind mit zwanzig gekriegt. Sie versteht das nicht. Ich lasse nicht zu, dass sie dich mit der Hochzeitsplanung verrückt macht, versprochen. Die Hochzeit muss auch gar nicht sein. Wir können einfach durchbrennen oder warten, was auch immer. Aber ruf an, Emma. Diese Leute in Brasilien sind nicht dein Leben.

Emma überprüfte den Riegel am Schloss. Der Duschkopf im Bad war locker, und das hatte sie wegen der Tür noch besorgter gemacht. In ihrer Panik hatte sie Marcus angerufen und Miles dann endlich den Namen ihres Hotels geschrieben, für den Fall, dass sie verschwand.

Aber das Schloss an ihrer Tür fühlte sich ganz solide an, und abgesehen von dem schadhaften Duschkopf war das Zimmer in Ordnung. Der Teppich war sauber, und in der Ecke stand ein Schreibtisch aus Holz. Er war einladend, breit und stabil, genau der richtige Platz, um sich hinzusetzen und die Gedanken zu ordnen, damit sie nicht mehr hervorbrachen wie heißes Geröll aus einem Vulkan. Emma rückte den Stuhl zurecht und setzte sich. Vorläufig konnte sie nichts anderes tun als die Wand anstarren und sich überflüssig vorkommen, doch das war immerhin etwas. War das verzweifelte Gefühl der Nutzlosigkeit nicht wesentlich für die Situation des modernen Menschen? War es nicht so, dass *Don Quijote* von nichts anderem handelte?

Um zu untermauern, was ihr an Selbstachtung noch geblieben war, schlug sie ihr Notizbuch auf. Vielleicht war es an der Zeit, dass ihr verschwommenes Alter Ego auf der Anklagebank zu Wort kam.

Emma ließ sich auf die erste schattige Bank sinken. Sie hatte geglaubt, dass sich innerhalb von ein, zwei Vormittagen herausfinden ließ, wo Rocha abgestiegen war, doch nun hatte sie schon fünfzehn Fünf-Sterne-Etablissements abgeklappert, und mit jedem Block kamen mehr dazu. Wieder einmal hatte sie geglaubt, Brasilien besser zu kennen, als sie es tatsächlich kannte. Sonnenverbrannt und hungrig, wie sie war, wurde ihr schwindelig, und sie senkte den Kopf zwischen die Knie.

Im Schatten desselben Banyanbaums verkaufte eine Bahianerin mit dunkellila Feder am Kopfputz frittiertes, zu dampfenden Hügeln aufgeschichtetes *acarajé*. Emma konnte das *dendê*-Öl riechen, Zwiebeln und Yuccas, die in der Soße schmorten. Etwas zu Mittag, Senhora?, fragte die Frau, ohne aufzusehen.

Ja, bitte, sagte Emma und musterte wieder die Feder der Frau. Sie war schwarz-lila wie Rote Bete, oder wie Rubine, die ganz hinten in einer Schublade funkelten.

Ist diese Feder zufällig aus einem Laden in der Nähe?, fragte Emma.

Eh, sagte die Frau. Gehen Sie zu dem Hutverkäufer hinter dem Aram Yamí Hotel, drüben an der Rua de Santo Antônio.

Emma wiederholte den Namen des Hotels, die Frau nickte und reichte ihr eine Plastikserviette zu ihrem *acarajé*. Als Emma hineinbiss, quollen ihr durch das plötzliche Lodern im Mund die Augen hervor. Alles in Salvador war auch irgendwie infernalisch. Die Chilis, die Hitze. Mit brennendem Mund faltete sie ihren Stadtplan auf und versuchte, sich zu verorten. Sie war schließlich nicht hergekommen, um Federn nachzujagen.

Oder doch.

Jedenfalls war die Rua de Santo Antônio nur zwei Blocks entfernt.

Der Hutverkäufer bedeutete ihr, näher zu treten. Sie waren allein in dem schummrigen Laden, und Emma wusste nicht recht, ob sie näher kommen wollte. Der Mann trug ein fleckiges Unterhemd und hielt ihr Federn hin, die seltenen lila Federn eines Aras, wie er sagte, doch lila waren sie eigentlich nicht. Sie waren blutrot.

Vielleicht hätten Sie lieber Federn von einem Jabiru, sagte er. Hatten Sie sich einen bestimmten Hut vorgestellt?

Nein, noch nicht, räumte Emma ein, und der Mann wies auf den dichten Wald aus Hutständern im hinteren Teil des Ladens. Ein ganzer Ständer war mit den weißen Hüten der Sambamusiker bestückt, ein anderer mit flotten, bananenförmigen Hüten für *forró*. Doch an einem Gestell hingen auch weiche Sonnenblenden aus Baumwolle und steife, bunte Strohhüte mit breiten, extravaganten Krempen. Emma wusste nicht, ob sie genug Charisma besaß, um es mit einem davon zu versuchen, aber es war ihr auf dieser Reise bisher nicht gelungen, die Sonne zu meiden wie sonst.

Auf früheren Reisen hatte sie ihre Tage so durchorganisiert, dass sie mittags in Innenräumen oder im Schatten sein konnte, weil sie fürchtete, sich zu verbrennen. Und das war richtig gewesen. Diesmal hatte sie die heißesten Stunden im Freien verbracht und spürte nun den Sonnenbrand auf Gesicht und Armen.

Emma nahm vom nächsten Ständer einen cremefarbenen Hut mit breiter Krempe und setzte ihn auf. Miles hätte ihn lächerlich gefunden und prophezeit, dass er zerknittert in der hintersten Schrankecke landen würde wie andere Impulskäufe aus Brasilien. Sie hörte, wie der Hutverkäufer von hinten heranschlurfte. Emma drehte sich zu ihm um.

Darf ich? Er schob eine dünne, dunkle Feder unter das Band. Schwalbe habe ich nicht so oft, sagte er. Die überwintern hier nur.

Emma trat vor den schmierigen Spiegel an der gegenüberliegenden Wand. Die Feder war anders als die der Frau am *acarajé*-Stand. Diese hier war länger und schimmerte stahlblau. Mit der dunklen Feder und der riesigen weißen Krempe des Huts wirkte sie ein bisschen wie eine Übergeschnappte, vielleicht aber auch nur wie eine Frau mit Sinn für Humor, die nicht auf eine unmögliche Sternenkonstellation warten wollte, um ihr Leben zu genießen.

Ich kann Ihnen noch ein paar andere Federn zum Probieren rausziehen. Der Hutverkäufer musterte sie und zeigte deutlich, dass er gern auch ein paar andere

Sachen für sie herausgezogen hätte. Doch Emma sagte, die Schwalbe sei lila genug.

Sie bezahlte, zog die Krempe ein bisschen schief und machte sich erfrischt über die heiße Straße auf den Weg in die Lobby des Aram Yamí Hotels.

Das Aram Yamí passte perfekt, fand Roberto Rocha. Es war gehoben und kolonial und somit genau das Hotel, in dem Alessandro Vorträge darüber gehalten hätte, dass seine Großmütter an solchen Orten für Rochas Großmütter die Fußböden schrubben mussten.

Alessandro war aber nicht da. Und in seiner Abwesenheit hatte Rocha keine Probleme damit, seiner Liebe zu Rosenholztischen mit geschwungenen Beinen und den schweren blattgoldgerahmten Spiegeln auf den Fluren zu frönen. Es entzückte ihn, dass alles so üppig war. Jede Antiquität konnte für eine Ungerechtigkeit stehen, wenn man die Welt so betrachten wollte. Aber wozu? Ein aufwendig geschnitztes Mahagonikanapee war trotzdem ein wundervolles Kanapee. Man musste dessen Eleganz nicht beschmutzen, indem man sich vorstellte, wie das Personal seiner Großmutter auf den Knien Öl ins Holz rieb, damit es weiter schön glänzte.

Rocha hatte seine Großmutter verabscheut, die immer mit ihren silbernen Glöckchen nach den

Dienstboten geklingelt und ihm erklärt hatte, was für ein komischer Junge er sei, und dass etwas in seiner Stimme die Leute nervös mache.

Rocha streifte seine Trotteurs ab und ließ sich aufs Bett sinken. Es knarrte unter seinem Gewicht. Am anderen Ende des Flurs vor dem Aufzug schnatterte nun eine Gruppe amerikanischer Touristen herum, sodass an Ruhe nicht zu denken war. Doch der Aufzug schaffte sie glücklicherweise rasch weg, und Rocha schlief schon fast, als das Zimmertelefon klingelte.

Entschuldigen Sie die Störung, Senhor Roberto, sagte die Empfangsdame, aber hier in der Lobby ist eine Frau, die Sie sehen will.

Ach ja? Na, dann sagen Sie ihr, ich komme gleich runter.

Er schlüpfte wieder in seine Trotteurs und nahm seine Bifokalbrille vom Nachttisch. Typisch für Beatriz, dass sie es war, die ihn fand. Noch dazu am Tag seiner Ankunft. Sicher würde es ihm gelingen, ihr etwas abzuluchsen – eine Novelle oder eine Handvoll neuer Erzählungen. Sie wusste, dass er diskret sein und niemandem ihren Aufenthaltsort verraten würde.

Bing.

Die Aufzugtüren öffneten sich, und Roberto Rocha setzte sein zuversichtlichstes, bewunderndstes Lächeln auf. Wo war sie denn? Die einzige Frau, die er in der stillen Lobby entdeckte, war eine schlaksige Touristin mit einem riesigen cremefarbenen Hut, der ihr eine Anmutung der Zwanzigerjahre verlieh. Als die Frau mit dem Hut aufstand und seine Richtung einschlug, hielt er das für Zufall.

Boa tarde, sagte die Frau. Ich bin Beatriz' amerikanische Übersetzerin.

Er zog das Gesicht, das er sonst für Essig reservierte. Haben Sie gerade angerufen? Haben Sie gerade die Rezeption gebeten, mich in meinem Zimmer aus meinem Schläfchen zu klingeln?

Tut mir furchtbar leid, sagte sie. Ich kann später wiederkommen. Ich hatte nur gehofft, ich könnte kurz mit Ihnen über Beatriz sprechen.

Ist ihr Sohn auch hier bei Ihnen?

Marcus? Oh nein, ich bin allein gekommen. Die Übersetzerin errötete unter ihrem breiten Hut. Ihr Portugiesisch war nicht schlecht für eine Amerikanerin, aber das Mädchen war so nervös und zu groß. Sie vermittelte ihm ein absurdes Gefühl, weil er zu ihr aufschauen musste wie ein Schuljunge, sodass die ganzen Röllchen am Kinn zu sehen waren.

Rocha trat einen Schritt zurück, um das Gespräch wieder lenken zu können. Ich nehme an, Sie haben mit Beatriz gesprochen.

Äh, nein … Ich – äh, sind Sie hier, um sie zu treffen?

Natürlich, sagte Rocha.

Dann ist sie auf jeden Fall hier, in Bahia.

Ich fürchte, es steht mir nicht zu, ihren Aufenthaltsort preiszugeben, sagte er.

Tja, vielleicht könnten Sie ihr etwas ausrichten. Die Übersetzerin trat näher, ein wahrer Turm. Es geht um ihre Sicherheit. Wenn Beatriz Brasilien verlassen will, soll sie wissen, dass ich ihr helfen kann. Sie könnte ein Aufenthaltsstipendium in Iowa kriegen, vom internationalen Programm für Schriftsteller dort, oder ich besorge ihr einen längerfristigen Job als Dozentin bei –

Weil es für jeden Schriftsteller der goldene Topf am Ende des Regenbogens ist, fiel er ihr ins Wort, an einer amerikanischen Universität zu lehren?

Ich will ihr nur helfen, der Gefahr zu entgehen.

Im Schutze einer Ihrer gerechten amerikanischen Institutionen.

Senhor Roberto, ich will doch nur helfen.

Oh, zweifellos, sagte er. Amerikaner wollen immer nur helfen. Wenn Sie mich jetzt entschuldigen, ich bin wirklich recht müde. Roberto Rocha nickte der Übersetzerin zu, drehte sich um und spürte, wie sie hinter ihm erbleichte. Alessandro warnte ihn schon seit Monaten, dass er dabei war, sich in eine vertrocknete Zitrone von einem Mann zu verwandeln. Er wäre nicht daran gestorben, wenn er gestanden hätte, dass er selbst keine Ahnung hatte, wo Beatriz sich aufhielt, dass sie am Tag vor seiner Ankunft aus dem Hotel verschwunden war, wo man sie als S. Martins führte, nicht ohne sich vorher in bar erstatten zu lassen, was er für ihren Aufenthalt in den verbleibenden Nächten bezahlt hatte. Ein so eklatantes

Ausnutzen seiner Großzügigkeit hatte ihn rasend gemacht, und außerdem hatte es ihn rasend gemacht, dass sie ihn für nichts eine so weite Reise antreten ließ.

Doch all das war kein Grund, unhöflich zu ihrer Übersetzerin zu sein, deren Namen er schon vergessen hatte.

Irgendwann hatte Beatriz eine sonderbare Erzählung über fünf Brüder geschrieben, die sich keine Namen merken konnten, nicht einmal die voneinander. Wenn sie beim Essen auf sich aufmerksam machen wollten, warfen sie Brotrinde oder Wurststückchen über den Tisch. Als erwachsene Männer fanden sie nie dauerhaft Liebe. Sie wandten sich der Frau in ihrem Bett zu und merkten, dass sie sich nicht an ihren Namen erinnerten. Im mittleren Alter hatten sie Mühe, sich ihre eigenen Namen zu merken, und mussten ihre Eltern anrufen, um sie danach zu fragen. Doch die Eltern hörten inzwischen schwer und konnten die Stimmen ihrer Söhne am Telefon nicht unterscheiden. Egal, wer anrief, sie antworteten: Bruno – dein Name ist Bruno, Liebling. Dann murmelten ihre Söhne den Namen vor sich hin, während sie sich den Mantel zuknöpften, und versuchten, ihn zu behalten, bis sie das Haus verließen. Wenn sie einander auf der Straße sahen, riefen sie: Ich bin's – Bruno! Aber *ich* bin doch Bruno, erwiderte der andere dann. Mutter hat es gerade gesagt. Und dann fixierten die Brüder einander mit der – wie hatte Beatriz es formuliert? –, mit der entsetzlichen Gewissheit aller Verlorenen.

Jene entsetzliche Gewissheit, mit der sich zwei Brüder dort auf der Straße begegneten, hatte Roberto Rocha beim ersten Lesen der Erzählung kalt erwischt. Er hatte in seinem Büro gesessen, und auf einmal hatte alles auf seinem Schreibtisch für einen kurzen Moment höchst beunruhigend geschimmert, wie die Schuppen eines soeben getöteten Fischs oder das Funkeln von Alufolie, die im dunklen Wasser eines Brunnens trieb.

An: eneufeld@pitt.edu
Betreff: in den nächsten fünf Tagen
Senhora Neufeld,
wenn ich mein Geld diese Woche nicht kriege, entführe ich deinen Freund Marcus und nehme mir ein Ohr von ihm als Zinsen.
Wieso? Weil es fällig ist. Du brauchst zu lang. Ich behandle einen Schuldner wie den anderen. Ich glaube an Gleichheit. Wenn einer nicht zahlt, was er mir schuldet, halte ich mich an seine Familie. Es sei denn natürlich, eine Amerikanerin mit hübschen Beinen hat damit zu tun und was ich zu kriegen habe, ist unterwegs.
Um beijo do
Flamenguinho

Emma las die Mail auf ihrem Computer mit dem Rücken zum Fenster und dann noch einmal anders herum. Es war eine Unterlassungssünde gewesen, Flamenguinho an der Hotelbar zu verschweigen, wie wenig Geld ein neuer Roman von Beatriz in englischer Übersetzung gewöhnlich einbrachte, begangen in der Annahme, Beatriz würde dadurch länger in Sicherheit sein. Das war wahrscheinlich ein Fehler gewesen. Wenn sie Flamenguinhos Mutmaßungen nicht bedient hätte, wäre er vielleicht gar nicht darauf gekommen, nun auf Marcus zu setzen.

Sie hatte Sehnsucht nach ihren Eltern, nach deren Unterstützung, nach der Mühelosigkeit eines Gesprächs in ihrer eigenen Sprache. Doch wenn sie jetzt ihre Eltern anrief, würden sie nur dafür plädieren, dass sie nach Hause kam. Sie würden nicht mehr schlafen. Sie würden Miles schicken, um sie zu holen, und die amerikanische Botschaft einschalten, was die brasilianische Polizei auf den Plan rufen würde, und dann würde Raquel schäumen. Die behauptete steif und fest, die Polizei sei zu korrupt, um ihnen zu helfen, und werde die Geschichte von ihrer zockenden Mutter einfach an die Medien verkaufen.

Doch jetzt, wo Marcus bedroht wurde, sah Raquel die Sache vielleicht anders.

Auf keinen Fall. Keine Polizei, sagte Raquel, als Emma anrief und ihr die Mail vorlas. Die machen alles nur noch schlimmer. Druck die E-Mail aus. Lass uns in einem Café treffen, und heul nicht und mach keinen ängstlichen Eindruck, wenn du dein Zimmer verlässt, warnte Raquel sie. Du musst gelassen aussehen. Beherrscht.

Emma nickte, hatte aber keine Ahnung, wie sie sich sammeln sollte, bis ihr der neue Hut einfiel. Sie setzte ihn auf und kippte die breite Krempe kokett, obwohl sie bebte. Als sie in der Lobby ankam, war sie so verängstigt, dass sie sich setzen musste. Sie zückte ihr Notizbuch, um sich mit einer kleinen Fantasie zu stabilisieren, um ganz kurz Erleichterung in einer Scheinwelt zu suchen – in jenem Gesuch nach Unsterblichkeit, das sich in aller Literatur verbirgt.

Raquel wusste nicht, was sie von Emmas gewaltigem neuen Hut halten sollte. Soeben hatten sie sich zum Kaffee hingesetzt, und nun starrte sie diese komische dunkle Feder an und fragte sich, ob die Übersetzerin ihrer Mutter allmählich den Verstand verlor. Warum sonst trug sie wohl plötzlich einen riesigen Hut, der es wesentlich einfacher machte, sie durch Salvador zu verfolgen?

Raquel hatte ausgedruckt, was sie auf dem Computer ihrer Mutter gefunden hatte, weil sie glaubte, Emma würde darin vielleicht etwas erkennen, das ihr selbst verborgen blieb. Doch beim Anblick des Huts, den Emma da auf dem Kopf hatte, mit dieser rätselhaften tintenblauen Feder, fand Raquel ihren Gedanken aussichtslos und absurd. Emma war so anfällig wie ihre Mutter, wenn es darum ging, jeden gesunden Menschenverstand in den Wind zu schlagen.

Ich glaube, Rocha macht es, sagte Emma gerade. Er wird das Geld definitiv verleihen. Warum auch nicht?

Weil er ein Snob ist, sagte Raquel. Und Zocken im Internet ist keine aristokratische Tätigkeit. Sie hatte Schokoladen-*brigadeiros* bestellt und schob sich eins davon in den Mund. Wahrscheinlich habe Rocha nur damals, dieses eine Mal, Geld geschickt, weil er davon reichlich habe. Wahrscheinlich geniere er sich für sie.

Raquel wandte den Blick ab und wäre am liebsten im Boden versunken, weil sie so etwas zugegeben hatte, und ausgerechnet vor Emma. Sie erinnerte sich lebhaft daran, wie Rocha zu ihnen nach Hause gekommen war, als ihre Mutter gerade eine ihrer Krisen hatte. Zuvor hatte Raquel alle Kleider vom Boden aufgelesen und ihre Mutter in die Dusche geführt und ihr die Haare gekämmt. Als würde sie eine riesige Puppe mit Glasaugen herrichten. Danach hatte sie ihre Mutter angebrüllt. Es hatte sie so erleichtert, wieder wütend auf sie zu sein, weil ihre Mutter halbwegs wiederhergestellt war und Raquel in ihrem Zorn eine Entschuldigung von ihr verlangen konnte.

Und was all die Kontoauszüge mit den vielen Hundert Minuszeichen betraf, so hatte sie sich ausgemalt, das Gesicht ihrer Mutter in die Schulden zu drücken, wie man es mit Hunden machte, und zu ihr zu sagen: Schau, was du wieder angerichtet hast! Schau!

Doch nun, in Salvador, schienen Raquels Kapazitäten für Wut begrenzt. Sie konnte vor der Übersetzerin ihrer Mutter nicht weinen. Emma würde sonst alles an sich reißen.

Du hast die Mail ausgedruckt, stimmt's? Kann ich mal sehen, bitte?

Emma reichte sie über den Tisch und fragte Raquel, ob sie von dem Schriftsteller gelesen habe, der im Jardim de Alá in einem Baum verschwunden sei.

Ich kenne das Mädchen, das er vergewaltigt hat, sagte Raquel. Die Tochter eines Kongressabgeordneten. Und dieses Schriftstellerarschloch folgt dem Beispiel meiner Mutter.

So wird das aber niemand sehen. Emma schüttelte den Kopf, dass die alberne Feder an ihrem Hut bebte. Tourinho spielt nicht in der Liga deiner Mutter. Seine Arbeit ist epigonal und vorhersehbar. Er ist genau der Schriftsteller, der in einen Baum steigen würde, um jemanden zu imitieren, der wirklich besonders ist. Wirklich besonders, Raquel, wiederholte Emma mit funkelnden Augen, als ginge es nur noch darum: wer besser mit Worten blendete.

Emma, sagte Raquel langsam, ist dir klar, dass du sehr gute Chancen hast, hier zu sterben, und dass es viel einfacher ist, dich zu verfolgen, wenn du so einen riesigen Hut trägst. Sie schneiden dir die Ohren ab, schicken sie mir oder deinem Mann und denken sich nichts dabei.

Emma senkte den Blick. Bitte sag nicht so etwas. Ich bin nicht verheiratet. Ich habe mit meinem Freund zusammengelebt, aber jetzt bin ich hier, und ich reise erst ab, wenn wir deine Mutter gefunden haben.

Raquel knipste den Verschluss ihrer Handtasche auf. Ich zeige dir was, sagte sie, aber du musst mir versprechen, dass du ohne meine Erlaubnis nichts damit anstellst.

Erlaubnis f.; von erlauben (Vb.); ahd. *irlouben*, mhd. *erlouben*. **1.** Offizielle Zustimmung: *Als Übersetzerin braucht man eine Erlaubnis für die Veröffentlichung einer Erzählung, die aus Wörtern besteht, welche einem nicht gehören, andererseits aber irgendwie doch.* **Siehe auch:** Paradox. **2.** Autorisation: *Wenn eine Autorin verschwindet, muss ihre Übersetzerin die schriftliche Erlaubnis des Testamentsvollstreckers oder der nächsten Verwandten einholen.* **3.** Der Akt des Erlaubens, häufig verwechselt mit der eher stillschweigenden, unklaren *Einwilligung: Die nächste Verwandte könnte aus finanzieller Bedrängnis einwilligen und das Wort »Erlaubnis« verwenden, es später jedoch bereuen oder schlicht abstreiten, ein derartiges Gespräch je geführt zu haben.* **Siehe auch:** Dilemma.

Beim Aufwachen dachte Emma an den Körper ihrer Autorin. Zunächst nur daran, dass Beatriz einen hatte, einen Körper, so weiblich und verwundbar wie ihr eigener. Doch unter der Dusche konnte Emma nicht anders, als sich die Details auszumalen, bis alles ergründet war, ihre Autorin, unbekleidet, mit vierunddreißig, dem Alter, in dem Emma selbst gerade war. Sie malte sich aus, wie Beatriz an sich herabblickte, während sie sich die Arme abschrubbte, wie sie ihre Brüste betrachtete und die Rippen, die sich unter der Haut abzeichneten, wie sie sich erinnerte, wer sie berührt hatte und wo, die Männer in ganz Rio, die sich umgedreht hatten nach ihr und ihren grünen Augen, ohne eine Ahnung davon zu haben, was sie als Nächstes schreiben würde. Und hätten sie davon gewusst, wäre es ihnen egal gewesen.

Emma hatte zehn Jahre damit zugebracht, Beatriz zu übersetzen, ohne sich jemals zu fragen, ob der Körper ihrer Autorin so viele komplizierte Geheimnisse barg wie ihre Literatur. Warum eigentlich nicht? Musste es nicht so sein?

Beim ersten Lesen der Papiere, die Raquel ihr gezeigt hatte, hatte Emma immer wieder Passagen übersprungen. Die Figur des Schattens, der in der Gasse hinter dem Kino lauerte, wirkte so untypisch gekünstelt wie ein Motiv aus einem Krimi von Sue Grafton – *S wie Schatten*. Sie wartete ständig darauf, dass Beatriz dieses Klischee hintertrieb.

Doch jeder neue Erzählansatz führte zum gleichen gängigen Schattenbild und brach dann ab. Auch in der anderen Szene, in Salvador, verlor Beatriz immer wieder die Bodenhaftung. Emma begann sich zu winden, während sie weiterlas. Jedes Mal, wenn der Vater von einer abgewendeten Katastrophe erzählte, hätte Beatriz auf das fremdere, fantastischere Gebiet umschwenken können, für das sie bekannt war, doch dazu kam es nicht. Sie hatte von Beatriz noch nie etwas gelesen, das so gnadenlos flach und ohne Zauber war.

Es sei denn, es ging vielleicht gerade um Gnadenlosigkeit. Trotzdem war Emma bei der zehnten Wiederholung so aufgebracht angesichts der Szene in der Gasse, dass sie die Blätter weglegen musste. Als Raquel gezögert hatte, ihr das Manuskript zu geben, hatte Emma dahinter vermutet, dass Raquel ihr nicht recht vertraute oder sie einfach nicht ausstehen konnte. Doch Raquels Zögern kam sicherlich ebenso sehr, wenn nicht sogar eher, aus ihrem Misstrauen gegenüber den Blättern selbst, und dem, was sie vielleicht erkennen ließen.

Falls die Szenen aus Beatriz' eigenem Leben stammten, fragte sich Emma, was zuerst passiert war. Ob ihre Autorin zuerst über jene Minuten in der Gasse geschrieben und sich anschließend viele Hunderttausend Dollar Spielschulden herbeigeklickt hatte. Oder ob das Pokerproblem zuerst da gewesen war und Beatriz sich aus mangelnder Konzentration auf das Schreiben den frühen Tagebüchern zugewandt hatte, um sich noch einmal in deren Inhalt hineinzubegeben.

Vielleicht war es auch komplizierter gewesen. Vielleicht war Beatriz nicht bloß abgedriftet, weil sie sich im Geiste zurück in diese Gasse begeben hatte, sondern weil es ihr nicht gelang, um der Erzählung willen über die Fakten der Szene hinauszugehen und jene fantasievollen, magischen Sprünge zu machen, die alle – auch Emma – inzwischen von ihr erwarteten. Emma erstarrte bei dem Gedanken an all die bewundernden E-Mails, die sie Beatriz im Lauf des vergangenen Jahres geschickt hatte, wie sehr sie geschwärmt hatte, sie könne es kaum erwarten, sich in der wundervollen Fremdheit ihres neuen Buchs zu verlieren, wenn es denn abgeschlossen sei.

In ihren Seminaren an der Pittsburgher Uni hatte Emma oft von ihrer Freundschaft mit ihrer Autorin gesprochen, davon, wie gut sie einander mittlerweile kannten. Auf ihren Reisen nach Rio hatte sie Beatriz mehr von ihrer Langeweile mit Miles erzählt als sämtlichen Freundinnen in Pittsburgh. Doch diese

Vertraulichkeiten hatten vielleicht nicht bloß mit Beatriz zu tun, sondern auch damit, dass Emma im Portugiesischen nur zu Gast war. Zu sagen, dass es etwas Abstumpfendes hatte, neben Miles zu joggen, war ihr sehr viel leichter gefallen, wenn sie eine andere Sprache und in singendem Tonfall sprach und nur noch eine Woche vor Ort blieb. Als Reaktion auf diese Vertraulichkeiten hatte Beatriz ein Gedicht von Hilda Hilst erwähnt, ein wunderbares Zitat über eine Frau, die nicht bereit war, in einem Zimmer zu bleiben, obwohl es ihr Liebhaber wünschte. Aus diesem Zitat hatte ebenso viel Verständnis gesprochen wie aus jedem Bekenntnis im Gegenzug. Wenn nicht noch mehr.

Oder nein, vielleicht war es so gar nicht gewesen. Wenn Emma nun an das Gespräch dachte, war sie nicht sicher, ob Beatriz das Gedicht erwähnt hatte oder sie selbst, ob Beatriz einfach sitzen geblieben war und zugehört hatte.

Emma schob das unvollendete Manuskript ihrer Autorin beiseite, schlug ihr Notizbuch auf und drückte es gegen das Bett. Ein Schwall Wörter fiel ihr ein, als hätte sie einen Elektrozaun berührt, und die Sätze flossen zu rasch, um sie noch einmal zu bedenken. Auf der Anklagebank erhob sich die verschwommene Erscheinung sämtlicher Übersetzerinnen, die je vor Gericht gestanden hatten, und verlangte nach einem Spiegel. Denn war es nicht an der Zeit, dass die ewige Übersetzerin einen Beistand erhielt, wenn sie sich gegen den Vorwurf ihrer mutmaßlichen Verbrechen verteidigte? Hatte an diesem fortgeschrittenen Punkt in der Geschichte der Menschheit nicht jede wegen literarischer Vergehen Angeklagte das Recht oder sogar die Pflicht, den glotzenden Zuschauern auf der Galerie einen Spiegel vorzuhalten und ihnen zu zeigen, welche Macht ihre Mienen über die eigene ausübten?

WUMM WUMM!

WUMM WUMM WUMM!

Emma ließ von ihrem Notizbuch ab und sprang auf. In ihrer Konzentration hatte sie ganz vergessen, wo sie war. Dieser Jemand da draußen hämmerte weiter an die Tür, sodass über dem Bett das gerahmte Aquarell mit der Strandszene bebte. Da waren sie. Sie würde hier sterben. Raquel hatte recht gehabt.

Emma hatte es sich zur Gewohnheit gemacht, jedes Mal die Türkette vorzulegen, wenn sie in ihr Hotelzimmer kam, aber vielleicht half das nicht. Im Film hatte sie Killer gesehen, die so eine Kette aus der Verankerung rissen wie eine billige Perlenschnur vom Hals einer Frau. Sie fragte sich, ob Raquel oder Marcus darauf kommen würden, die amerikanische Botschaft einzuschalten, wenn sie nicht ans Telefon ging und keine Mails beantwortete. Ob sie wissen würden, wie ihre Eltern zu erreichen waren. Emma dachte an ihre Mutter, wie sie auf dem karierten Sofa schlief und dann so einen Anruf bekam, aber das war zu schrecklich. Nicht auszudenken.

Hey, hier ist Marcus, sagte der Wummerer. Mach auf.

Emma antwortete nicht. Es klang wie Marcus, aber das hieß nicht, dass er es auch wirklich war und nicht ein Killer mit Schauspieltalent. Emma griff nach ihrem Laptop und klickte die letzte Nachricht von Miles an. Abends checkte er unaufhörlich seine Mails.

WUMM! WUMM!

Emma, *você está aí*?

Wie weiß ich, dass du wirklich Marcus bist?, rief sie durch die Tür und tippte weiter.

Weil ich dir deine nassen Sneaker ins Zimmer gebracht habe, damit du Sex mit mir hast.

Und wie lange durftest du bleiben?

Nicht lange genug, antwortete die Stimme hinter der Tür. Du hast geschrieben.

Emma entriegelte das Schloss. Das grelle Neonlicht eines Hotelflurs nahm sonst jedem Gesicht die Schönheit, nur dem von Marcus konnte es nichts anhaben. Nicht den hohen Wangenknochen und dem vollen Mund und den radioaktiv-grünen Augen. Emma zog die Tür zu, und er strich mit den Händen über die Gänsehaut an ihren Armen, über ihre Brüste und Rippen.

Sie fragte nicht, ob er Raquel angerufen hatte, ob er wusste, dass er jeden Moment entführt werden und ein Ohr verlieren konnte. Was hätte er auch von diesem Wissen gehabt? Er war gerade hereingekommen, und sie hatten die Tür abgeschlossen. Ihr Leben lang hatte sie verzweifelt ermessen wollen, wie viel genau sie wusste, und was hatte ihr das eingebracht?

Einen Doktortitel.

Den dazugehörigen Dozentenjob, der mit einschloss, dass sie einen rostigen Metallschreibtisch mit zwei anderen Dazugehörigen teilte, von denen eine nichts als Tortilla-Chips aß und neon-orangefarbene Fingerabdrücke auf ihren Post-its hinterließ.

Einen Freund, der ganze Abende mit der Auswertung seines Pulsanstiegs beim morgendlichen Lauftraining verbrachte.

Vor Emmas Hotelzimmerfenster stand der Mond bläulich und voll über dem Meer. Auf der Straße rief jemand immer wieder: Maria, *por favor*! Komm wieder her. Weiter weg knatterten die Fehlzündungen eines Autos, oder ein Projektil schoss durch das Dunkel wie ein Stern. In ihrem Zimmer leuchtete die Temperatur auf dem Wärmeregler. Balsamische einunddreißig Grad.

An: eneufeld@pitt.edu
Betreff: Re: wenn du morgen nichts von mir hörst
Emma, deine Mail war unverständlich. Von wessen Ohr redest du? Du musst SOFORT los und ein Taxi zur amerikanischen Botschaft nehmen. Die Adresse steht auf brazil.usembassy.gov. Ich kann erst morgen Abend um 9:23 in Salvador sein.
Hast du schon auf den Link geklickt? brazil.usembassy.gov. FAHR SOFORT. Diese Schriftstellerin, ihre Kinder – das sind Fremde. Was du da unten machst, ist nicht dein Leben.

Zum Frühstück bestellten sie Omeletts und geschnittene Guaven. Als der Zimmerservice klopfte, schlang sich Marcus ein Handtuch um die Hüften und schlenderte so lässig zur Tür wie jemand, der es ganz normal fand, sein Frühstück so in Empfang zu nehmen.

Gerade aufgewacht, hatte Emma schon dem Impuls nachgegeben, ihre Mails zu checken, während Marcus neben ihr weiterschlief. Zuvor hatte sie eine kurze Weile versucht, einfach dösend dazuliegen und dem Rattern der Händlerkarren zu lauschen, die sich am Strand versammelten. Nun tat es ihr leid, es nicht etwas länger versucht zu haben. Sie hatte die Mail gesehen und konnte die Angst, mit Miles rechnen zu müssen, nicht mehr wegschieben.

Es sei denn, sie war bereit, grausam zu sein und das Hotel zu wechseln.

Divino!, rief Marcus beim Toast und wischte sich die Krümel vom Mund. Als er in seinen Rucksack griff, der offen neben dem Bett lag, nahm Emma an, dass er noch ein Kondom suchte, aber er zog die neue Ausgabe von *Hast du die Schmetterlinge gekostet* hervor.

Das gab es am Flughafen, hast du gesehen? Ich habe nie ein Buch von meiner Mutter ausgelesen. Er reichte Emma den Band. Ich wusste, alle ihre Bücher waren in der Wohnung, aber das war sie eben auch. Irgendwie hat es sich immer falsch angefühlt, darin zu lesen, wenn ich sie nebenan hören konnte. Vielleicht war ich auch nicht so weit, zu erfahren, was sie da geschrieben hatte. Er zuckte mit den Schultern. Oder es war einfach Faulheit.

Emma strich über den schnittigen neuen Buchumschlag, das schmucklose Besteck. Inzwischen war ihr sogar das Werk ihrer Autorin fremd.

Ich hatte keine Ahnung, dass es da vor allem um Ehebruch geht, sagte Marcus.

Tja, und um das geträumte Leben der Tauben.

Da bin ich nicht mitgekommen. Marcus zog das Laken hoch, als wäre ihm plötzlich kalt. Liest du mir vor?, fragte er. Ab der Stelle mit den Tauben?

Noch immer nackt und mit klebrigen Guavenfingern begann Emma, für Marcus Worte zu murmeln, die seine Mutter vor seiner Geburt geschrieben hatte. Zunächst sprach sie die Worte so leise aus, dass sie selbst kaum etwas hörte, und Marcus rückte näher.

Ihre Stimme hob sich allmählich, während sie sich mit jedem Satz tiefer in die Worte sinken ließ. Emma lebte schon so lange mit diesen Beschreibungen, hatte über sie nachgegrübelt, wenn sie durch den Schnee fuhr oder sich die Zähne putzte.

Und bestand denn nicht genau darin der Glanz des

Übersetzens – so schöne Sätze zu entdecken und dann die Chance zu haben, andere ihre Schönheit hören zu lassen, andere, die sie noch nicht gehört hatten? Einen so persönlichen, einzigartigen Augenblick zu erlangen, wenigstens einmal, einen, den es nur geben konnte, weil diese Worte in dieser Abfolge auf dieser Seite standen?

Denn etwas, las sie vor, weiß ich vom geträumten Leben der Tauben. Ich weiß, ihre Träume sind ähnlich wie die schweifenden Gedanken einer Frau, die sich im Bad selbst vergessen hat. Einer Frau, die willentlich entschlummert ist, während das Wasser dampfend strömt, aus dem Hahn über der vollen Wanne, auf den Boden, und langsam in das Zimmer darunter sickert.

Ich weiß, dass Tauben in ihren Träumen auch ähnlich sind dem willentlichen Schlummer des Ehemannes dieser Frau, in einem fremden Bett in einem anderen Teil der Stadt. Ein Mann, der glauben will, dass seine Frau fest schläft in ihrem Zuhause, einem Zuhause, das er in einem Abstand hält, ähnlich dem Abstand, den eine Taube zur Bedeutung ihrer Träume wahrt. Bedeutungen, die bisweilen gesammelt sein können im Kot, den eine Taube der Luft übergibt, worauf sich Bedeutungen über Windschutzscheiben und Tischplatten und manchmal auf kahlen, arglosen Männerköpfen verteilen.

Ah, das ist meine Mutter. Marcus drückte die Lippen an Emmas Schulter, worauf sie langsamer weiterlas, mit mehr Genuss. Sie hatte einmal einen Essay von Borges gelesen, in dem er für die Stimme in Joseph Mardrus' Übersetzung von *Tausendundeine Nacht* das Wort *lujosamente* benutzte.

Mardrus' Untreue, so Borges, Mardrus' schöpferische und glückliche Untreue ist es, auf die wir das Hauptgewicht legen müssen.

Und zwar MIT GENUSS, hatte sie am Seitenrand angemerkt. Miles hatte neben ihr gesessen, als sie den Essay las, und sich darüber lustig gemacht, dass sie in Versalien schrieb wie ein Teenager. Am selben Wochenende war Elsewhere Press an sie herangetreten, ob sie ein zweites Buch von Beatriz übersetzen wolle. Emma hatte das Projekt angenommen und Miles davon erzählt, und der hatte die Lippen verzogen, als wäre ihm gerade ein grüner verkrusteter Rest Erbsensuppe in ihrem Mundwinkel aufgefallen.

Beim Gedanken an diesen Moment hatte sie anschließend monatelang gespürt, dass giftige Schwertlilien in ihren Gedärmen wuchsen, wie García Márquez es ausdrückte.

Inzwischen lag Marcus auf ihr und fuhr mit der Zunge über ihr Schlüsselbein. *Segue, tradutora*, sagte er. Mach weiter.

Und so machte sie den ganzen Vormittag weiter, MIT GENUSS, bis Seite sechsundsiebzig, wo das ganze Gebäude mit Badewasser volllief und blassrosa Seifenschaum über die Fensterbänke quoll und ihre Stimme brüchig zu werden begann und ihre Handgelenke vom Halten des Buchs zu schwächeln begannen und das Telefon nachdrücklich zu klingeln begann, und sie wusste, es war Raquel, und ihre Autorin würde wollen, dass sie den Anruf entgegennahm. Und dann war da noch Miles, der langsam näher kam.

Was es hier auf Radio Globo Neues gibt, Freunde, ist schauerlich. Wie wir soeben erfahren haben, wurde der zweite unserer in die Bäume von Rio verschwundenen Schriftsteller heute Morgen kastriert und tot in seinem Auto gefunden. Vicente Tourinho, gerade mal sechsundzwanzig Jahre alt.
Uns hier auf Radio Globo schüttelt es wegen Tourinho. All ihr anderen Autoren da draußen in Rio, bitte, bleibt weg von den Bäumen!

Raquel fühlte sich nirgends mehr sicher. In ihrem Hotelzimmer konnte sie nicht mehr duschen, ohne zuvor die leeren Schränkchen unter den Waschbecken auf Eindringlinge zu kontrollieren. Sie fand keinen Schlaf, ohne den Sitz des Türriegels überprüft zu haben. Und durchschlafen konnte sie auch nicht. Alle paar Stunden wachte sie angespannt auf und musste die Schränkchen im Bad erneut auf Männer untersuchen.

Nun saß sie im schattigen Garten des Cafés, wo sie mit Marcus und Emma verabredet war, und hätte vor Müdigkeit gleich am Tisch einschlafen können. Die Beschreibung des Cafés im Internet hatte besagt, dass der Garten ruhig und abgeschieden war, und das traf soweit zu. Er war von Palmen mit dickem Fuß umstanden, und die gefiederten Wedel der größeren bildeten fast schon ein Dach.

Aber waren sie durch ein paar gedrungene Palmen wirklich geschützt? Raquel saß noch immer allein da. Ihre Mutter hatte noch immer eine halbe Million Dollar Schulden bei einem Psychopathen. Als ihr

Telefon klingelte und sie erkannte, dass es Thiago war, fing sie vor Dankbarkeit an zu weinen.

Bom dia, Geflüchtete! Was höre ich denn da – du wirst doch nicht rührselig werden, oder?

Natürlich nicht. Ich bin keine Heulsuse. Raquel hielt sich die Hand über die Nase, um das Geräusch zu ersticken.

Du bist eine Kampfmaschine, *mulher*!, schrie er sie aus Rio an. Der Laden hier ist ein Saustall ohne dich. Wann kommst du wieder?

Ich weiß nicht. Der Kredithai hat gerade gedroht, meinen Bruder zu entführen.

Dieses Land muss man doch einfach lieben, hm? *Viva Brasil!* Thiago pfiff eine kleine Samba ins Telefon. Aber im Ernst, Frau, du stammst doch von Juden ab – habt ihr für so einen Scheiß denn nicht immer ein bisschen Geld unter der Matratze? Du wirst dich durchsetzen, Raquel, wie immer. Ich muss los. Diese Arschgeige Enrico ruft.

Und weg war er.

Das war's – mehr würde sie hier von ihm nicht kriegen.

Bevor sie trübsinnig werden oder sich erholen konnte, kamen Emma und Marcus durch die Tür des Cafés nach hinten in den Garten. Als sich ihr Bruder bückte, um ihr zunächst einen Kuss zu geben, schimpfte sie ihn gar nicht erst dafür, dass er nach Salvador geflogen war, ohne es ihr zu sagen, oder dafür, dass er sich gleich zu Emma ins Bett gelegt hatte.

Er war wie ihre Mutter. Mit ihren grünen Augen und ihrer ruhigen, reptilienhaften Art machten die beiden einfach, was ihnen gefiel. Sie sah zu, wie Marcus ihr gegenüber Platz nahm, und dachte an all das, was er nie gewesen war und niemals sein würde.

Nicht der Nachkomme eines Schattens.

Nicht voller Angst, die Mutter nach diesem Schatten zu fragen, und gleichzeitig voller Angst, vielleicht nie diese Chance zu bekommen.

Und Marcus, der hochgewachsene, aufreizende, juwelenäugige Marcus, wachte nicht jeden Morgen allein auf.

Er war nicht genötigt, über den Tisch hinweg auf die Übersetzerin ihrer Mutter zu starren, die so befriedigt und strahlend aussah, dass sie sich auch ein Schild hätte umhängen können, mit der Aufschrift: ICH HATTE GERADE SEX MIT DEINEM BRUDER. ES WAR SENSATIONELL.

Während die Kinder ihrer Autorin stritten, hielt Emma den Kopf gesenkt und gab sich größte Mühe, zwar anwesend, aber unsichtbar zu sein. Der Tisch, den die Kellnerin ihnen zugewiesen hatte, wackelte, und die Beine gaben jedes Mal nach, wenn Marcus oder Raquel die Hand darauf legten. Noch eine Woche zuvor hätte Emma stillschweigend versucht, ihn für sie zu stabilisieren, damit es nicht so knallte, doch das ließ sie nun bleiben. Marcus wollte unbedingt, dass sie ihre Verwandten in São Paulo anriefen, aber Raquel sagte, so viel Geld würden die nicht lockermachen. Sie sagte, ihre Mutter habe schon so lange keinen Kontakt mehr zu ihnen gehabt. Marcus kippte den Tisch und sagte, die Alternative sei, Flamenguinhos Nachricht an die Medien zu geben und abzuwarten, ob ihn die Berichterstattung so erschreckte, dass er klein beigab, worauf Raquel Marcus naiv nannte. Sie sagte, die Medien machten jede Entführung zur Seifenoper, daran sei nichts zu ändern. Brasilianische Nachrichten, sagte sie, würden von einem Haufen bescheuerter Gewerkschaftsfreunde gemacht.

Marcus bat sie, jetzt keine ihrer Tiraden vom Stapel zu lassen, und sie entgegnete, er solle zur Hölle fahren.

Im angespannten Schweigen danach hielt Emma den Blick gesenkt und die Hände im Schoß. Weil ihr nichts einfiel, was sie beisteuern konnte, und die beiden sie auch bestimmt nicht fragen würden, hatte sie den Kopf frei für ihre Panik: In neun Stunden würde Miles in Bahia landen. Danach würde er sich gleich zu ihrem Hotel begeben, und dann zu ihrem Zimmer. Diese Fakten musste sie dem Sohn ihrer Autorin noch auf Portugiesisch vermitteln.

Sie hörte, dass Marcus seinen Stuhl zurückschob. Will noch jemand eine Caipirinha? Emma wusste nicht recht, ob sie Alkohol so früh am Tag vertragen würde, nickte aber trotzdem. Als Marcus fort war, wurde ihr deutlicher bewusst, dass Raquels Fuß oder Knie oder sonst etwas von ihr hektisch gegen das Tischbein klopfte.

Als eine Brise Emmas Serviette zur Tischkante wehte, knallte Raquel die Hand darauf wie auf ein Insekt. Du hättest mich sofort anrufen müssen, als er gekommen ist, sagte sie. Er ist mein Bruder.

Es war aber zwei Uhr morgens. Es war so spät.

Hast du ihm die Papiere von meiner Mutter gezeigt?

Ich habe ihm davon erzählt, aber ich –

Gib mir das Manuskript.

Raquel riss es Emma aus der Hand, bevor sie es auf den Tisch legen konnte. Eines wollen wir mal klarstellen, okay? Wenn meine Mutter nie wieder auftaucht, kannst du dir jemand anderen suchen, um deinen Mann zu betrügen, und ein anderes Buch zum Übersetzen. Das hier ist meine Familie.

Emma wollte gerade sagen, dass sie nicht verheiratet war, dass sie Beatriz' Werk den Rest ihres Lebens widmen würde, als im Café etwas passierte. Mehrere korpulente Männer waren hereingekommen und stoben so dunkel und schnell umher, als hätte sich eine Fledermauskolonie am Eingang breitgemacht.

Etwas kreischte.

Jemand brüllte.

Als Emma und Raquel hineinstürmten, war von Marcus nichts mehr übrig als ein hohes Glas, das gekentert auf der Bar in einer Caipirinha-Pfütze lag. Auf dem Boden Eis und Limettenstücke.

Rocha winkte einen Kellner heran, damit er seine Caipirinha abräumte. Die Limettenschalen starrten vor Dreck. Unerhört. Wusch man im Aram Yamí die Früchte vor dem Servieren nicht richtig? Beachtete man hier nicht einmal die Grundregeln der Hygiene?

Tut mir sehr leid, Sir, sagte der Kellner.

Rocha wandte sich angewidert ab, bis das Glas des Anstoßes verschwunden war. In den wenigen Stunden, die ihm vor seinem Rückflug nach Rio geblieben waren, hatte ihn zunehmend die Wut auf sich selbst gepackt. Nur ein abgewirtschafteter, verzweifelter Mann würde so weit reisen, um eine Schriftstellerin zu suchen, die er seit zwanzig Jahren nicht mehr verlegte. Er hatte Beatriz nie beschwatzen können, etwas zu tun, das sie nicht wollte. Das gelang niemandem. Und jetzt hatte sie ihm nur wegen seines Geldes geschrieben. Er hatte keinerlei Grund zu der Annahme, dass sie ihm ein Manuskript geben würde, bloß weil er für ihre Hotels bezahlte, oder dass sie überhaupt ein fertiges Manuskript besaß und es irgendjemandem geben konnte.

Es war genau richtig gewesen, den Flug für diesen Nachmittag zu buchen. Bis dahin würde er vielleicht die Straße entlangspazieren und eine Schachtel Pfefferminz besorgen. Er brauchte etwas, das an körperliche Ertüchtigung grenzte, damit er Alessandro nicht anlügen musste, wenn er zurückkam.

In der Lobby des Aram Yamí blieb er an der Rezeption stehen, um zu fragen, ein letztes Mal, ob jemand für ihn da gewesen sei.

Sim, Senhor Roberto, sagte die Frau an der Rezeption. Vor ungefähr einer halben Stunde waren zwei Damen da und haben darum gebeten, dass Sie sich so schnell wie möglich unter dieser Nummer bei ihnen melden.

Die Rezeptionistin reichte ihm einen Umschlag mit dem kunstvollen Logo des Aram Yamí und einem zusammengefalteten Post-it darin, auf dem nur Zahlen standen. Endlich. Sie hatten Beatriz gefunden.

Emmas Kopf fühlte sich an wie Gummi, als sie noch einmal das Aram Yamí betrat. An der Rezeption fiel es ihr schwer, sich an Rochas Vornamen zu erinnern, und danach konnte sie ihren eigenen nur stotternd nennen. Raquel neben ihr weinte und telefonierte hektisch auf ihrem Handy. Als das Telefon im Aufzug keinen Empfang mehr hatte, klammerte Rachel sich wie eine Blinde an Emmas Arm.

Vielleicht hacken sie meinem Bruder in diesem Moment das Ohr ab, sagte Raquel. Vielleicht verblutet er, während wir hier im Aufzug stehen. Vielleicht lassen sie ihn im Kofferraum liegen, bis er in der Hitze erstickt.

So weit wird es nicht kommen, versicherte Emma ihr, als gäbe sie Auskunft zu einem Buch, das sie seit Jahren im Seminar behandelte. Als gäbe es in einem Entführungsfall niemand Zuverlässigeren als eine hingebungsvolle Übersetzerin.

Die Glocke des Aufzugs erklang.

Die breite Holztür glitt auf.

In der blauen, mit Teppich verkleideten Stille, die

zu Rochas Zimmer führte, dachte Emma an ihr eigenes Hotelzimmer, an Marcus' Kleider, die sie dort über der Stuhllehne und auf dem Schreibtisch erwarteten, an seine Zahnbürste neben dem Waschbecken, den Roman seiner Mutter, der immer noch umgedreht dalag, dort aufgeschlagen, wo sie am Vormittag aufgehört hatten zu lesen. An Miles, der unfassbarerweise in fünfeinhalb Stunden ankommen würde.

Emma, geh weiter. Das ist die falsche Tür.

Ich brauche bloß einen Moment.

Doch Rocha hatte sie bereits gehört und trat auf den Flur. Schon gut, nehmen Sie sich Ihren Moment, sagte er. Ein bisschen zu zögern ist völlig in Ordnung, wenn man einen Mann um sein Vermögen bringen will.

zögern Vb., zuerst wohl mnd. *tögeren.* Eine Stockung aus innerer Unsicherheit: *Die Übersetzerin zögerte nicht, den nächsten Roman ihrer Autorin anzunehmen oder zu erklären, es sei ihr Lebenswerk, die Anerkennung besagter Autorin voranzutreiben, ein Bild, an dem sie festhielt, bis sie auf einem gewissen Flur zögerte.*

Rochas Zimmer war tadellos aufgeräumt. Kein einziges Kleidungsstück war zu sehen, kein voluminöser Pyjama auf dem Bett, keine einzige Socke, nicht einmal ein Paar Schuhe stand auf dem Boden. Abgesehen vom Bett konnte man nur auf zwei steifen Sesseln mit Paisleymuster sitzen. Rocha sank in den einen und Raquel in den anderen. Raquel selbst hatte auf den Treffpunkt beharrt, Rochas Zimmer, damit auch wirklich niemand mithören konnte. Weil beide Sessel besetzt waren, stand Emma ein wenig am Rand des Gesprächs. Dieser Platz war ihr nicht fremd, er hatte durchaus seine Vorteile. Wenn sie anwesend war, ohne zur Kenntnis genommen zu werden, stand sie nicht unter dem Druck, etwas sagen zu müssen. Was nicht hieß, dass sie nichts zu sagen hatte. Oder dass sich ihr Einfluss im richtigen Augenblick nicht als bedeutend erweisen konnte, sogar als entscheidend.

Meine liebe Raquel, sagte Rocha gerade, wenn ich dir das Lösegeld gebe, wissen diese Hyänen, dass du eine bedeutende Geldquelle aufgetan hast. Sie werden sich weiter an dir gütlich tun.

Aber wir zahlen es dir doch zurück. Ich bitte nur um ein Darlehen. Die haben meinen Bruder, Herrgott noch mal. *Puta que o pariu!* Als Raquel mit diesem Fluch einen gequälten Urlaut ausstieß, sah Emma, wie sich in Rochas Gesicht etwas löste, und dachte: Jetzt.

Und wenn es nicht um ein Darlehen ginge, meldete sie sich zu Wort, sondern um einen Deal? Wenn wir im Austausch gegen das Lösegeld Ihnen, Roberto, ein neues Manuskript von Beatriz anbieten könnten?

Beim Wort »Manuskript« richteten sich sowohl Raquel als auch Rocha in ihren Sesseln auf, als hätte ein Beben den Raum erschüttert.

Ich dachte, sie kommt nicht weiter mit dem neuen Buch, sagte er.

Sie hat mehr als zweihundert Seiten.

Die sind aber noch vertraulich, sagte Raquel. Bloß ein paar ungeordnete Szenen. Sie durchbohrte Emma mit einem grellen Blick, doch Rocha hatte seinen rundlichen Körper schon so weit herumgedreht, wie es der Sessel erlaubte.

Und das Manuskript ist hier, in Salvador?, fragte er.

Es ist hier in diesem Zimmer, sagte Emma. Wenn Sie den Scheck ausstellen, können Sie es gleich haben.

Nein, kann er nicht, sagte Raquel, doch Emma ignorierte sie. Rochas Gesicht glühte schon, und die Augen brannten in seinem runden Gesicht wie zwei Kerzen in einem ausgehöhlten Kürbis.

Natürlich muss man etwas für den armen Marcus tun, sagte Rocha, aber fünfundsiebzigtausend Dollar –

Wir können es auch zu Alfaguara bringen oder zu einem anderen Verlag, wenn Sie nicht interessiert sind, sagte Emma. Raquel schnaubte im anderen Sessel, doch nun war sie es, die anwesend war, ohne zur Kenntnis genommen zu werden.

Wie wär's mit fünfzig?, bot Rocha an.

Achtzig, sagte Emma. Bei so viel Medienrummel wird das Buch sofort ausverkauft sein.

Rocha lehnte sich im Sessel zurück, und Emma spürte, dass sie gut gepokert hatte. Sie zwang sich, ein gelassenes Gesicht zu machen, zwang sich, nicht wieder daran zu denken, wie Marcus im Taxi auf ihren Schenkeln gekommen war, wie er im Bett über ihr grätschte.

Sie kennen doch sicherlich ihre Skizze *Der alte Mann und sein Buch*, sagte Rocha.

Die habe ich in einer Nacht übersetzt, sagte Emma. Das Stück war kurz, bloß ein paar Hundert Wörter. Ein alter Mann legte sich ins Bett, mit dem einzigen Buch, das er je besessen hatte, und stellte fest, dass auf einmal ein blauer Pilz die Wörter überwucherte. Der Mann versuchte, den Pilz mit den Fingernägeln abzukratzen. Er kannte die Sätze auswendig, aber er schlug das Buch immer noch auf, weil ihm die Buchstaben Freude machten, wie sie die Wörter bildeten, die er schon kannte. Doch je mehr er von dem Pilz abkratzte, desto blauer wurden seine Hände. Als jemand aus dem Dorf den alten Mann tot in seinem Bett fand, wusste man nicht, wo der Pilz auf den Seiten aufhörte und die blau gefärbten Hände des Mannes begannen.

Ich dachte, *Para R.* steht für Raquel, sagte Emma, aber die Erzählung ist für Sie. Für Ihre Hände.

Als Rocha nach der Aktenmappe griff, die neben dem löwenfüßigen Bein seines Sessels stand, begriff Emma, dass sie den Atem anhielt.

Oh ja, er atmete noch. Er lebte noch. Niemand würde Roberto Rocha und Editora Eco begraben, noch nicht. Im Flugzeug versah er Beatriz' Manuskript mit so vielen Notizen und Anmerkungen, dass ihm in beiden Füllern die Tinte ausging, worauf er die Stewardess um einen anderen bitten und mit Schreibgerät schlechtester Qualität arbeiten musste.

Bei den ersten Textfassungen, die er von Beatriz dreißig Jahre zuvor gesehen hatte, war es dasselbe gewesen – Perlen der Brillanz verborgen in seitenweise Überfrachtung und Wiederholung. Die Übersetzerin hatte wirklich clever verhandelt, doch Rocha fühlte sich keineswegs über den Tisch gezogen. Er hatte mit Beatriz an vielen Erzählungen gearbeitet und wusste, dass sich hier etwas Erhabenes verbarg. Man musste es nur gesundschrumpfen. Als sein Flugzeug zum Landeanflug auf den internationalen Flughafen Galeão ansetzte, wusste er, wie es ging: Die Geschichte lag in den Veränderungen. Er musste einfach nur alles ausmerzen bis auf die Details, die sich in jeder Wiederholung veränderten. Die Schönheit der Geschichte lag in ihrer Vergeblichkeit, im niederschmetternden Scheitern jedes Versuchs der Autorin, eine Vergewaltigung und deren Nachwirkungen umzuschmelzen, indem sie einfach Kleiderstoffe oder aufgetischte Speisen veränderte.

Solange Beatriz noch vermisst wurde, würden die Kritiker bis zum Schwindelanfall spekulieren, ob die Szene am Cine Paissandu autobiografisch war. Alessandro würde entsetzt sein, dass er so viel für das Manuskript bezahlt hatte, aber wozu war Geld gut, wenn nicht dazu, die Verstümmelung des Gesichts eines Jungen und seinen möglichen Tod zu verhindern? Wozu war er Verleger, wenn er kein solches Manuskript vor sich hatte, wenn er seine Tage mit nichts anderem verbrachte als enervierenden Sätzen, die nichts riskierten, nichts hinterfragten, nichts taten, als Tinte zu vergeuden für ein Buch, das keine wirkliche Emotion hervorrief, kein echtes Unbehagen, nicht einmal bei dem Verleger, der es veröffentlichte?

Rocha schüttelte die letzte fettige Cashew aus seinem Bord-Snack-Mix und zerknüllte die Tüte wie sonst nur Literatur. Mit der anderen Hand verwirbelte er die Milch in seinem Kaffee.

Laut Beatriz machte die Welt für Liebende keine Ausnahme. Jede Flut trug zwei hingebungsvoll Liebende im Bett genauso wahrscheinlich hinweg wie ein Haus voller Spinnweben. Jede mit Dengue infizierte Mücke stach genauso wahrscheinlich einen Mann in den Rücken, der seine Frau küsste, wie einen Politiker ins Knie, wenn der gerade das Stadtsäckel in seinem Kleiderschrank versteckte.

Für Marcus hatte die Welt auch keine Ausnahme gemacht. Emma hatte mit ihm geschlafen, hatte ihm aus dem Werk seiner Mutter vorgelesen, während er so nah bei ihr lag, dass sie sein Herz hören konnte. Nichts davon hatte ihn geschützt. Rochas Geld war sofort an Flamenguinho gegangen, doch als Emma um vier in ihr Hotel zurückkehrte, wartete an der Rezeption ein Schuhkarton in einer Plastiktüte auf sie. Ein orangefarbener Schuhkarton mit Nike-Logo. Jemand hatte einen Zettel und eine Plastiktüte in Sandwichgröße hineingelegt. In der Tüte befand sich ein blutverkrustetes Ohr. Emma hatte vor so kurzer Zeit daran geleckt, dass sie es fast noch schmecken konnte.

Die Welt machte für Liebende keine Ausnahme. Emma hatte den Satz auf Englisch gelesen, hatte ihn mit großer Geste auf einem Podium zur luso-brasilianischen Literatur in Minneapolis und auf einer Lesung bei Barnes & Noble in Squirrel Hill vorgetragen. Um den Satz genau zu verstehen, hatte sie ihn immer wieder vor sich hin gemurmelt, entschlossen, die karge Schönheit seiner Melodie neu zu erschaffen, seinen düsteren Klang.

Wenn sie sich nun an die Passage erinnerte, war sie taub für deren Schönheit. Alles, was zu ihr durchdrang, war die Verzweiflung darin. Die empfand sie mit allem, was in ihr schmerzen und zerbrechen konnte. Weil die Welt für Liebende nicht innehielt, hatte Beatriz geschrieben, waren Liebende auch nicht verpflichtet, für die Welt innezuhalten oder für den Regen, für den Beginn eines Krieges oder sein Ende. Und im Augenblick war nichts zu machen gegen die Liebenden im Zimmer nebenan, deren Bett gegen die Wand knallte, während Emma dasaß und zitterte.

Selbst derartig verstümmelt sah Marcus' schrumpeliges Ohr besonders aus, gehörte eindeutig zu einer bestimmten menschlichen Gestalt, wie auch der handgeschriebene Zettel unumstößlich menschlich war in seinen krakeligen Buchstabenschnörkeln und im Wahnsinn seiner Zeilen:

*DEIN KLEINER FREUND HEULT WIE
EIN MÄDCHEN.
BEI DIR SIND NOCH
VIERZIG DRIN, ÜBERSETZERIN.
SCHICK SIE BIS MITTERNACHT
ODER ICH SCHICK DIR EIN STÜCK
VOM ANDEREN OHR.
SCHICK DAS GELD GLEICH
DANN KRIEGST DU DEINEN
KLEINEN FREUND
MORGEN.*

Emma übersetzte den Zettel mehrmals, als bestünde die Chance, dass er beim nächsten Durchgang eine weniger entsetzliche Bedeutung bekäme, als könnte Emma ihn so verändern, dass er etwas ganz anderes besagte, dass Marcus nicht irgendwo gefesselt vor Schmerzen schrie oder längst bewusstlos war. Gewiss hatten sie ihm etwas auf den Kopf getan, um die Wunde zu verbinden. Wenn sie zuließen, dass er verblutete oder die Wunde sich entzündete, würde es kein Geld geben. Emma war ziemlich sicher, dass eine Entführung so funktionierte.

Zum ersten Mal seit ihrer Ankunft in Brasilien hatte sie Sehnsucht nach Pittsburgh, nach der alphabetischen Ordnung der Bücher über ihrem Schreibtisch, nach dem klagenden Maunzen ihrer Katzen, Geschrei, das sich mit einem Dosenöffner und Fancy Feast besänftigen ließ.

Sie sehnte sich nach ihrem Seminarraum, nach ihrer pingelig geführten Mappe mit Anwesenheitslisten. Sie sehnte sich sogar nach ihrem schäbigen Gemeinschaftsbüro, danach, irgendwo zu sitzen, wo Leidenschaft nur ein Gesprächsthema war, eine Pose, die man hinter dem Schreibtisch bei einer Tasse Tee verteidigte.

Wenn sie Miles so viel bedeutete, dass er herkam, dann wäre es vielleicht töricht, nicht mit ihm zurückzufliegen. Was tat sie eigentlich hier, mit dem Ohr dieses anderen Mannes in der Hand? Sie wusste nicht, ob sie in Marcus verliebt war. Vorläufig tat das auch nichts zur Sache.

Sache f., ahd. *sahha*, mhd. *sache*. **1**: Etwas, das mit einem oder mehreren Sinnen wahrgenommen werden kann – ein Ohr zum Beispiel, wenn ein Auge es sieht. **2.** Ein Gegenstand, auf den man sich beziehen kann, ohne ihn benennen zu müssen: *Eine Frau starrte die Sache auf ihrem Schoß an.*

Emma legte den Hörer des Hoteltelefons an ihr anderes Ohr, während sie darauf wartete, dass Raquel auf die Neuigkeit reagierte. Doch wie sie den Hörer auch hielt, sie spürte ihre Ohren so furchtbar deutlich, spürte das Brennen an ihrem Kopf.

Raquel, bist du noch da? Soll ich dir vorlesen … Wäre es besser, wenn … Ihr Portugiesisch kam ihr plötzlich hoffnungslos unzulänglich vor. Am anderen Ende hörte sie Wasser laufen, Schluchzen, etwas klapperte in einem Waschbecken aus Porzellan.

Wie viel wollen sie noch?, krächzte Raquel ins Telefon.

Vierzig.

Ruf Rocha an.

Und du rufst die Polizei an?

Scheiß auf die Polizei, Emma! *Ave Maria.* Die finden nie jemand, der entführt worden ist. Die verkaufen die Meldung bloß an die Zeitungen. Bullen werden hier beschissen bezahlt. Wir sind hier nicht in deinem Land, okay? Kapierst du das? Du verstehst nicht, wie das läuft! Nun heulte Raquel, und Emma fiel nichts anderes ein, als weiter zuzuhören und Marcus' Ohr im Schuhkarton anzustarren.

Bei den Liebenden von nebenan lief inzwischen die Dusche, und die Frau schmetterte in schrillem, kratzigem Falsett Marisa Montes *O Que Você Quer Saber de Verdade*. Emma hätte sie am liebsten gebeten, in ein anderes Zimmer umzuziehen, denn sie selbst musste in ihrem bleiben. Was, wenn Marcus die Flucht gelang und er hier hereingestolpert kam, mit der Hand auf der blutigen Wunde, wo sein linkes Ohr gewesen war? Um herauszufinden, dass es das linke war, hatte sie es in Gedanken mit seinem verkrusteten, vertrockneten Rand neben ihr Gesicht halten müssen, an die Seite, wo es passte.

Du kümmerst dich um Rocha, sagte Raquel. Ruf ihn sofort an.

Natürlich, antwortete Emma, sie werde ihn gleich anrufen. Als Rocha angesichts der Summe zurückschreckte, drückte sie den Nike-Karton mit einer Hand fest an sich und erzählte ihm, Raquel habe einen Deal mit Flamenguinho gemacht. Ursprünglich wollte er sechzigtausend, log sie, aber wir haben gesagt, wir bringen nur vierzig auf, und da meinte er, das reicht.

Ja, das meint er, bis ihr das Geld schickt.

Er hat seine ursprüngliche Forderung doch schon reduziert. Emma wurde rot, weil sie so verwegen war. Aber was blieb ihr anderes übrig? Verwegene Erzählungen hatten ihr Portugiesisch geschult. Und sie hatten Rocha dazu gebracht, nach Salvador zu reisen.

Emma fragte ihn, ob er einen anderen Vorschlag habe. Ob er es wirklich für eine Option halte, einfach darauf zu warten, dass dieser Mann morgen Marcus' zweites Ohr schicke.

Nein, natürlich nicht. Ich überweise das Geld wieder auf Raquels Konto. Ich hoffe, Sie behalten recht und jetzt ist wirklich Schluss.

Obrigada. Als Emma sich bedankte, hörte sie ihren dröhnenden Yankee-Akzent so deutlich wie seit Jahren nicht mehr. Sie hatte die Sprache zu spät gelernt, um jemals das richtige *r* hinzubekommen. Jedes Mal, wenn sie es aussprach, geschah das Unvermeidliche: Sie setzte ein ganzes Fehlergeschwader frei.

Zwei Frauen, die einander nicht mochten, drängten sich auf der Kante eines Hotelbetts zusammen wie Schwestern. Sie beugten sich schon eine Weile über das winzige Display eines Telefons und warteten auf die Benachrichtigung, dass eine neue Mail gekommen war. Während sie so starrten, dachte eine der Frauen an eine Erzählung, die die Mutter der anderen geschrieben hatte. Sie handelte von einem Volksstamm, bei dem man jeden Blickkontakt vermied, aus dem Glauben heraus, dass der Jaguar dann fernbliebe. Nachdem mehrmals ein Tier mit einem Baby zwischen den Zähnen davongeschlichen war, trafen sich die Frauen im Schatten, um ihren Maniok zu mahlen und noch entschlossener die Köpfe zu senken. Dort murmelten sie etwas von der Hitze und lauschten, ob in den Stimmen der anderen irgendein Argwohn lag.

Auf der Kante des Hotelbetts bemühten sich die beiden Frauen ganz ähnlich darum, nicht vom Telefon aufzublicken, wenn sie spürten, dass die andere das gerade tat. Wie immer, wenn man etwas vermeidet, geschah es natürlich doch. Beide blickten gleichzeitig auf, und ihre Gesichter waren einander so nah, dass ihnen nichts anderes übrig blieb, als in die erweiterten Pupillen der jeweils anderen zu starren. Sie sahen die erschlaffte Haut über den Augenlidern, die Falten, die sich tiefer in die Stirn der anderen gruben. Sie waren nun Mitte dreißig, und wie in jedem Alter waren sie Jaguare.

Sie blickten einander ins Auge und schauten weg.

An: raquel.yagoda@gmail.com.br
Betreff: obrigado você

HAB DAS GELD, AMIGA.

ICH SCHICKE DIE ADRESSE VON DER GASSE BALD. JEMAND TRIFFT DICH DA MORGEN MIT DEINEM BRUDER.

DU KANNST MIT DEINER HÜBSCHEN AMERIKANERIN KOMMEN, ABER SONST MIT NIEMAND. ICH HABE KONTAKTE, DIE DU NICHT HAST. WENN IHR DIE BULLEN ANRUFT, SEID IHR ALLE TOT.

Schon wieder musste Raquel wie die Amerikaner zu Abend essen, um achtzehn Uhr, in der Schwüle. Die einzigen Brasilianer im Restaurant waren die Kellner. Sämtliche Gäste waren Touristen, von denen viele, wie Raquel feststellte, anscheinend nicht merkten, dass sie mit ihren Gabeln über die Teller kratzten. Emma hatte auf diese ärgerliche Zeit unter dem Vorwand bestanden, sie müsse unbedingt um acht ins Bett, und nun sah sie andauernd neurotisch auf die Uhr.

Doch so, wie Emma an diesem Abend die Caipirinhas herunterstürzte, hatte Raquel ihre Zweifel, ob sie es bis in ihr Zimmer schaffen würde. Versuch doch, dich ein bisschen zu entspannen, sagte Raquel zu ihr. Wir haben ein Treffen vereinbart. Wir haben getan, was wir konnten.

Und wenn es nach hinten losgeht, dass ich Rocha belogen habe? Wenn sie mehr verlangen, kurz vor der Übergabe? Kann doch passieren. Emma kippte den letzten Schluck ihres Drinks. Sonst hatte sie beim Essen immer nur genippt und das Glas so zögerlich an die Lippen gesetzt wie ein Kolibri am Futterspender. Raquel hatte festgestellt, dass ihr dieses gehemmte Nippen den Spaß am eigenen Drink verdarb. Doch wenn Emma nun schon die dritte Caipirinha heruntergoss wie ein Glas Wasser, war das noch beunruhigender.

Emma, jetzt halt mal die Luft an, ja? Raquel beugte sich über den Tisch zu ihr hin. Flamenguinho wird sein Geld bekommen. Wir müssen darauf vertrauen, dass er sich morgen an die Verabredung hält. Wenn du dann auch so nervös bist, kommst du besser nicht mit.

In die Gasse? Ich muss mit dir gehen. Es ist zu riskant, da allein aufzutauchen.

Raquel befürchtete, das Gegenteil könnte der Fall sein, aber das sagte sie nicht. Emma konnte ebenso gut eine zusätzliche Belastung sein. Vor dem Essen hatte Raquel Thiago angerufen und ihn um Rat gefragt. Er hatte gesagt, Entführer in Brasilien gäben sich normalerweise nicht mit Gringos ab, und auch er habe nicht viel Geduld mit dem blässlichen Gesocks. Er sorge sich mehr um Raquel, hatte er ihr erklärt, und sie solle den Cousin eines Cousins anrufen. So eine Art Hertz für Handfeuerwaffen, hatte Thiago hinzugefügt. Er vermietet sie tageweise. Er hat da oben in Bahia eine Damenpistole für dich, die geht so leicht los wie ein Feuerzeug.

Raquel fragte, was so etwas kosten würde.

Mulher, bitte. Er wird dir nichts berechnen, erklärte Thiago. Der Mann gehört zur Familie, und er schuldet mir einen Gefallen.

Emma stieg in das einzige saubere Kleid, das ihr noch blieb. Sie legte die durchbrochenen Ohrringe an, die sie vor ihrem letzten Geburtstag im Internet ausgesucht hatte, damit Miles sie ihr schenken konnte. Sie verbrauchte den letzten Rest ihrer Handcreme und entfernte Nagelhaut, pflegte sich wie ein junges Mädchen, weil so die Zeit verging und weil sie ziemlich betrunken war, aber auch, weil sie sich nicht entscheiden konnte, ob sie Marcus' Sachen im Schrank verstecken sollte.

Bislang war sie um die roten knappen Boxershorts herumgelaufen, die Marcus auf dem Boden liegen gelassen hatte. Sie bildeten noch immer ein Knäuel mit einem ihrer verschwitzten, ungewaschenen Kleider. Seinen Rucksack, der noch immer offen am Bett lehnte, hatte sie auch nicht angerührt. Jede Stunde, die er vermisst wurde, verlieh seinen Sachen und wie er sie hinterlassen hatte noch mehr Bedeutung. Emma wusste nicht, ob sie wegen Miles Verrat an deren Position begehen konnte.

Beim Übersetzen kannte man dieses Dilemma unter dem Namen Domestizierung. Als Übersetzerin konnte sie es rechtfertigen, Bestandteile eines Satzes umzustellen, wenn der Leserschaft dadurch deutlicher wurde, worum es ging. Sie konnte sogar einen Gegenstand durch einen anderen ersetzen, der dem Leser vertrauter war, um ihn nicht zu verwirren mit etwas, das er nicht verstand. Bei Lebensmitteln kam das häufig vor – zum Beispiel, wenn der Leser eine Frucht wahrscheinlich nicht kannte und sich daher nicht vorstellen konnte, wie süß sie schmeckte.

Doch wenn man Dinge so domestizierte, bestand das Problem, dass es womöglich auf Kosten der Wahrheit ging. Emma hatte sich zur Gewohnheit gemacht, gar nicht an dieses Dilemma zu denken und darauf zu vertrauen, dass sie inzwischen erfahren genug war, um intuitiv zu wissen, was umgestellt werden konnte und was nicht – sofern die Position eines Gegenstands tatsächlich seine Bedeutung war.

Vielleicht stolperte sie deshalb über die Boxershorts und schlug mit dem Gesicht auf die Kommode, als Miles an die Tür klopfte.

Jesses, Emma, ist alles in Ordnung?

Miles hob ihr Kinn an und sah nach, wo sie blutete, ob an der Stirn oder irgendwo näher am Auge. Du riechst wie eine Schnapsbrennerei, sagte er. Wie viel hast du denn hier getrunken?

Emma verbarg ihr Gesicht mit der Hand und schob sich an ihm vorbei ins Bad. Obwohl sie auf die Wunde drückte, färbte das Blut die Handtücher und das Wasser unten im Waschbecken rosa. Besonders weh tat es nicht, aber nach vier Caipirinhas spürte sie wohl ohnehin nicht mehr viel.

Lass mal sehen. Miles wich ihr nicht von der Seite in seinem sackartigen Adidas-T-Shirt. Er war so viel größer und besonnener, so viel entschlossener, recht zu behalten. Emma wollte nicht, dass er verkündete, wie schlimm sie sich verletzt habe, auch wenn der besorgte Zug um seinen Mund echt war. Beziehungsweise vertraut. Beziehungsweise was ihr vertraut war, war der Geruch seines Aftershaves.

Jetzt lässt es eindeutig nach, sagte er, aber dein Auge schwillt an. Hast du während der ganzen Reise so viel getrunken? Kein Wunder, dass du jeden Realitätssinn verloren hast.

Miles, bitte. Hör einfach auf. Emma wollte vor ihm zurückweichen, doch die Kloschüssel befand sich hinter ihr.

Ich verstehe einfach nicht, was los ist, sagte er. Wenn du glaubst, heiraten bedeutet, dass wir gleich Kinder kriegen müssen, dann –

Weil alles aufs Kinderkriegen hinausläuft, stimmt's? Du bist genau wie deine Mutter. Du reduzierst jeden auf diese eine Entscheidung. Du glaubst, auf diese Weise wirst du aus jedem schlau, aber so läuft das nicht. Es liegt bloß an deiner eigenen giftigen Rechtschaffenheit. Unerträglich! Emma bedrängte ihn, drängte an ihm vorbei, alles nur, um aus dem Bad zu entkommen. Doch er drückte sich weiterhin gegen sie, wehrte ihre Vorwürfe ab, bis sie das Bad verlassen hatten und vor den roten Boxershorts standen, die mit ihrem Sonnenkleid auf dem Boden ein Knäuel bildeten.

Wem gehören die?

Marcus.

Ihrem Sohn?

Emma sah, wie die Muskeln um seinen Mund zuckten, während er sich im Zimmer umsah und weitere Beweise für ihre Untreue suchte. Und es gab sie: Marcus' klaffenden Rucksack, neben dem Nachttisch seine grün gestreiften Bermudashorts, auf dem Boden eins seiner verschwitzten Hemden.

Als Miles sich bückte, griff Emma sofort nach dem Rucksack, um ihn wegzuziehen, bevor er hineingreifen konnte, aber darum ging es ihm nicht. Miles schnappte sich das Notizbuch vom Bett und hielt es hoch.

Ist dieser Arsch jetzt auch Schriftsteller?, brüllte er sie an. Schläfst du deshalb mit ihm? Damit du ihn als Nächsten übersetzen darfst? Du bist so erbärmlich, Emma.

Er schreibt nicht. Das gehört mir. Sie griff nach dem Notizbuch, aber Miles hielt es so hoch, dass sie nicht drankam.

Wie meinst du das, *dir*? Siehst du denn nicht, dass du dich selbst ruinierst für Sachen, die du nicht mal geschrieben hast? Wen kümmern schon diese schrägen Geschichten? Ich meine, ehrlich.

Marcus hielt das Buch noch immer hoch, schlug eine Seite auf und hob den Kopf, um etwas zu suchen, das er ihr vorlesen konnte. Emma kletterte aufs Bett, um sich das Notizbuch zu schnappen, doch er wich ihr aus.

Beide erschraken, als das Hoteltelefon auf dem Nachttisch klingelte. Es war Raquel mit der Nachricht, dass Flamenguinho Marcus in einer Stunde zurückbringen würde. Wenn du dabei sein willst, erklärte sie Emma, musst du sofort in ein Taxi steigen.

In all der Verwirrung sah Emma, dass Miles das Notizbuch sinken ließ, und schnappte es sich. Kannst du mir die Straße buchstabieren?, fragte sie Raquel und schrieb den Straßennamen gleich unter die Passage, die sie gerade hatte beenden wollen – die ewige Übersetzerin, wie sie den Spiegel hob, den ihr das Gericht endlich in die Hand gegeben hatte.

In eine dunkle Gasse treten.

Das Szenario wiederholen und sich dabei sagen müssen, dass es nicht dasselbe war. Eine Frau konnte nicht nur auf eine Weise in eine Gasse treten. Sie würde nicht das graue Mäuschen sein, das sich widerstandslos den Zähnen der Schlange ergibt. Dank Thiago würde es dieses Mal anders sein. Wenn du sie benutzen musst, dann benutz sie, hatte er ihr gesagt. Die Kugeln kann man nicht zurückverfolgen.

Als Raquel die Waffe in ihrem Hotelzimmer ein letztes Mal zückte, war ihr deren Gewicht ein Trost. Ganz kurz strich sie sich sanft mit dem Lauf über den Arm. Um sie dann errötend wieder in ihre Tasche zu schieben.

Emma hatte ihre Sandalen nicht zugeschnallt, als sie die Tür aufriss. Mit den Verschlüssen konnte sie sich jetzt nicht aufhalten, nicht, solange Miles die Tür zuhalten wollte und sagte, wenn sie jetzt aus dem Zimmer gehe, sei es vorbei.

Ich bin so weit geflogen, sagte er.

Sie erklärte ihm, auch sie sei weit geflogen, es tue ihr leid, dass die Richtung eine andere gewesen sei. Sie erklärte ihm, sie schäme sich, ihm das anzutun. Fünf Jahre lang seien sie nebeneinander gelaufen, hätten im gleichen Rhythmus geatmet auf der beträchtlichen Strecke durch ihre Industriestadt im Niedergang. Auf so große Distanz so schwer neben jemandem zu atmen, sei an die Substanz gegangen. Doch wie so oft bei substanziellen Bestrebungen habe sich das Laufen zur Belastung entwickelt. Irgendwann hätten sie nicht mehr gelacht und seien nicht mehr stehen geblieben, um die Vögel auf der Brücke zu beobachten. Nie seien sie im Bett geblieben, statt zu laufen, nie hätten sie einander vorgelesen. Sie hätten einfach weitergemacht, immer verbissener, nur mit kurzen

Pausen, um etwas Flüssigkeit zu sich zu nehmen, oder wenn ab und zu etwas wehtat. Emma wusste, dass sie sich wahrscheinlich gerade in andere, größere Schwierigkeiten brachte, aber daran konnte sie jetzt nicht denken.

Es tut mir leid, Miles, wirklich, sagte sie noch einmal, als sie die Tür vom Flur aus schloss.

Als Emma fort war, wusste Miles nicht, was er machen sollte. Er dachte an die ganz leicht geneigte Veranda vor ihrem Haus. An ihren Postboten, Alton, der jeden Tag kam und Kataloge und Rechnungen durch den Schlitz in der Tür warf. An ihre Katzen, die nun unruhig und einsam über den wachsenden Postberg schritten. Das konnte nicht Emmas Ernst sein. Wenn er sie nur dazu bringen könnte, von hier abzureisen, dann würde sie das sofort einsehen.

Miles holte sein Brillenspray hervor und fing an, die verschmierten Gläser ihrer Sonnenbrille zu putzen. Sie waren in unterirdischem Zustand. Manche Schmierflecken waren so dick, dass er den Fingernagel einsetzen musste, aber er war zuversichtlich, dass er sie abkratzen würde.

Und das tat er auch – bis auf einen.

Nur Mondlicht fiel in die Gasse. Gerade genug, um die Abfallberge bei den Müllcontainern mit einem trüben Schimmer zu versehen. Emma hörte etwas rutschen und dann einen blechernen Knall, konnte aber nicht sehen, welches Wesen ihn verursacht hatte – eine Ratte in Aktion oder etwas viel Größeres. Die verklumpten Haufen stanken nach allem, was in einer Gasse landen konnte: nach faulenden Lebensmitteln und frischem Kot; es waren beißende Gerüche, die sich mischten und in der Hitze immer giftiger wurden.

Ich weiß, du hältst das für keine gute Idee, flüsterte Emma Raquel zu, aber wir könnten immer noch die –

Raquel hielt Emma den Mund zu, damit sie still war, und nahm gleich darauf ihre Hand. Emma glaubte, dass Raquel sie trösten wollte, doch dann stieß Raquel Emmas Finger in ihre lederne Handtasche, damit sie den Metallgegenstand darin spürte.

Oh Gott, sagte Emma auf Englisch, und all der Schrecken, den sie auf Portugiesisch verleugnet hatte, brach sich in ihr Bahn. Sie war mitgekommen, hatte eine entscheidende Grenze überschritten. Raquel hatte ihr so oft die Möglichkeit zum Rückzug gegeben, aber sie hatte sich immer weiter eingelassen, Rocha und sein Geld geködert. Sie hatte es tun müssen, für Marcus, aber war es denn nicht auch verlockend gewesen, oh ja, ausnahmsweise einmal etwas auszureizen, bis –

Klapp!

Eine Tür flog auf, hinter dem Müllcontainer zur Rechten. Raquel umklammerte Emmas Arm, als Kakerlaken zur Mitte der Gasse strömten und über Marcus' Flipflops rutschten, während er taumelnd durch die Tür trat. Sein T-Shirt war vorn ganz braun von getrocknetem Blut, und man hatte ihm etwas über den Kopf gezogen. Einen Jutesack, den ein dünner Strick am Hals zusammenhielt.

Raquel stürzte auf ihn zu, und Emma hielt sich zurück, damit sich die beiden zuerst umarmen konnten. Vielleicht hatte sie ihn aber auch schon gesehen, den Schatten des Mannes, der hinter Marcus erschien, der immer größer wurde, bis der Arm sich dem Hosenbund näherte und –

krankes Klacken
des Abzugs

erster Knall noch immer der Sack
Marcus rutschend auf Müll
Verpackung und Kakerlaken
Jute überm Gesicht

das Wesen des Schattens
der Mangel an Detail
unmöglich zu wissen wie groß genau und wie nah und

Marcus' Rufe

Raquel zuckend im Griff des Manns

Emma an der Wand, Gedanken, ob
Wenn sie sich nun rührte und

Wenn ein Gewehr an der Wand hängt,
Dann muss es auch schießen

Doch wenn die Waffe in einer Tasche steckt
Wenn es zwei Waffen sind
Und die Protagonistin beide nicht in der Hand hat

Wenn das Graffiti rot ist und groß
an der Wand gegenüber

LUISA FLAKS DU WARST DIE EINE
DIE EINE DIE EINE

Oder die Wand zeigte einen anderen Namen
Oder gar keinen Namen bloß ein Netz aus
Linien das
nach Buchstaben aussah
Die sie im Kopf ergänzte und

Raquel roch bacalaão an seinen Fingern
schlug die Zähne
in die fleischige Hand

bis sie die Haut durchbrachen
bis sie schmeckte, was
unter der Haut lag
sein Blut
und allmählich
und er allmählich

sie war nie eine Schönheit gewesen
nie vor allen hervorgehoben
jedoch niemals schwach niemals verborgen
niemals verrückt

fort

der Mann hinter ihr
packte ihr Haar
riss ihren Kopf zurück

wenn eine Waffe in einer Tasche steckt
deren Kugeln niemand zurückverfolgen
kann
ihr Finger gekrümmt
und los ging der Abzug

Emma spürte den Rückstoß im ganzen Körper, und jeder Knall hallte ohrenbetäubend in ihrem Kopf. Aber sie stand noch, drückte sich noch an die Backsteinwand, war noch so weit bei Bewusstsein, dass sie Flamenguinhos Mann dieselbe Tür aufreißen und verschwinden sah.

Auf der anderen Seite der Gasse stieg eine Rauchwolke aus einem Müllsack, der verbrannte Flocken aus Plastik und Pappe und einen neuen Schabenschwarm freigab. Ein paar Meter hinter dem brennenden Sack krümmte sich Marcus auf dem Rücken und hielt sich das Bein, und diesmal dachte Emma nicht an Raquel. Sie stürzte auf ihn zu, doch Raquel war schon in seiner Nähe, erreichte ihn schneller und wehrte Emma mit einem Arm ab. Weg da!, schrie sie. Ich habe gerade auf meinen Bruder geschossen, Herrgott noch mal.

Emma hockte sich trotzdem vor Marcus hin, versuchte, den Knoten zu lösen und ihm den Jutesack abzunehmen, doch der Knoten war fest, und Marcus trat weiter um sich. Seine Shorts wurden auf einer

Seite ganz schwarz vor Blut, und jedes Mal, wenn er zuckte, floss das Blut schneller. Wir müssen eine Aderpresse machen, sagte sie. Wir können mein Tanktop nehmen. Emma wollte es ausziehen, doch Raquel sagte, sie solle es lassen.

Weg da jetzt, sagte Raquel mit Nachdruck und zog ein Baumwollstirnband aus ihrer Tasche. Als sie es Marcus um den Schenkel knotete, spürte Emma an ihrem eigenen Bein etwas, das sie zunächst für Einbildung hielt, weil sie so ängstlich auf die wachsende Blutlache um Marcus starrte. Als dann der haarlose Schwanz der Ratte an ihrer Hand zuckte, schrie sie auf.

Ich sagte, weg!, brüllte Raquel wieder, und Emma gehorchte. Als der Rettungswagen kam und die Sanitäter heraussprangen, rührte sie sich nicht. Raquel übernahm es, die Situation zu erklären. Weil alle durcheinandersprachen, bekam Emma nur bruchstückhaft mit, worum es ging. Irgendetwas Metallisches schnappte auf der Trage. Als endlich jemand den Jutesack abschnitt, sah sie kurz, wie geschwollen Marcus' Gesicht war, furchtbar zugerichtet, doch dann wandte er sich ab, Raquel kletterte gebückt hinter den Sanitätern in den Rettungswagen, und Emma konnte nur stumm zurücktreten und zusehen. Sie wusste, wie man die rechte Distanz wahrte – wie weit man weichen musste, um Respekt zu zeigen und dennoch präsent zu sein. Um ansprechbar zu bleiben und dennoch zu schweigen. Um sich still zurückzuziehen bis an die schmutzige Backsteinmauer der Gasse.

Wieder einmal, Freunde, hat Beatriz Yagoda der brasilianischen Literatur in den bunda *getreten. Auch wenn wir vielleicht nicht wissen, wo sie ist, haben wir hier auf Radio Globo gerade erfahren, dass ein neues Buch von ihr herauskommt, irgendwer weiß also definitiv, wo sie sich versteckt.*
Die Schlange der Leute, die dafür anstehen, wird lang sein wie die Anakonda, und das Buch wird blitzschnell ausverkauft sein. Also tut euch selbst einen Gefallen, Freunde: Zieht eure Shorts an und begebt euch sofort in eine Travessa-Buchhandlung. Das mit den Shorts könnt ihr auch weglassen, dann seid ihr schneller da, aber wenn ihr verhaftet oder angegriffen werdet, weil ihr nackt im Bus sitzt und lest, seid ihr auf euch gestellt.

Die Bilder waren alle da gewesen. Rocha hatte nichts anderes tun müssen, als jedem den nötigen Raum zu geben. So erklärte er es zumindest den Journalisten, die Fahnenabzüge des neuen Buchs erhalten hatten und unentwegt anriefen, ihn interviewten und aus ihm herauskitzeln wollten, wo Beatriz war. Er hatte kein Problem damit, Informationen zurückzuhalten und daraus sein kleines, perverses Vergnügen zu ziehen. Es war durchaus eine Kunst, Antworten elegant auszuweichen. Doch wenn die Fragen das Buch selbst betrafen, wie viel er mit Beatriz daran gearbeitet habe, wurde er trotzdem nervös. Er erinnerte sich nicht mehr so recht, was er auf dem Rückflug von Salvador mit dem Manuskript angestellt hatte. In ihm gab es nur die Verzückung dieser Stunden, diese Erregung, während er hoch oben am Himmel mit seinem Stift jede Passage auf ihre innewohnende Perfektion hin redigierte.

Doch selbst der Gedanke an diese Erregung war ihm zuwider, jetzt, wo er in der klimatisierten Marmorlobby seines Gebäudes stand mit diesem Paket, das jemand am Morgen für ihn abgegeben hatte. In dem Paket lag verpackt in Blisterfolie das denkbar billigste Messer, mit blutverkrusteter Klinge, und dazu ein Zettel:

BOA TARDE, SUGAR DADDY,
DU HAST ES FAST GESCHAFFT.
NOCH $200.000 UND ICH LASSE DEINEN
SCHWULEN
FREUND
MIT DEM ROTEN FAHRRAD
IN RUHE.

Rocha zitterte, als er den Zettel zerknüllte. Sein Körper wog weit über hundert Kilo und ließ sich nicht einfach so aus der Ruhe bringen, doch seine Beine bebten, und er kam nicht dagegen an. Alessandro hatte ihn gewarnt, es sei nach dem Erscheinen des Buchs nur eine Frage der Zeit, bis der Kredithai herausbekäme, in welchem Brunnen das Geld lag, wer den Eimer hinunterließ und voll wieder hochzog. Aber dieser Kredithai war ein Vieh und ein unwissender Narr. Kredithaie verstanden nichts von Literatur, davon, was ein Verleger für eine Autorin tun mochte, die es wert war, dass man sich all die Tage in einem Büro verschanzte.

Vielleicht war er auch ein unwissender Narr gewesen, als er angenommen hatte, er könnte Marcus' Freilassung erkaufen und sich dann aus der Sache zurückziehen. Denn das alles war nur der Anfang. Das Vorwort von wer weiß wie vielen anderen Entführungen – Alessandro noch an diesem Nachmittag oder auch morgen früh, und keine von Paranoia ungetrübte Minute mehr auf der Straße.

Marcus lag noch im Krankenhaus, und Rocha kam es grausam vor, Raquel mit dieser neuen Drohung zu behelligen. Aber sie war erwachsen, und ihre zwanghafte Mutter war an allem schuld. Rocha hielt das Paket noch in der Hand, als er in seine Tasche nach dem Handy griff. Die Gedanken jagten ihm in einem derartigen Tempo durch den Kopf, dass er innehalten und sich um Konzentration bemühen musste, und darum, seine Gedanken schon einmal im Kopf vorzuformulieren.

Roberto hier, sagte er, als sie abnahm.

Sofort ließ Raquel eine Litanei aus Einzelheiten vom Stapel: wie lange die Ärzte gebraucht hätten, um Marcus' Ohr zu drainieren, die vielen Bluttests, und ständig kämen irgendwelche Leute von der Polizei. Gerade ist so ein höhergestellter Inspektor bei ihm, sagte sie, aber Marcus ist diesen Befragungen nicht gewachsen, Roberto. Ich wollte dem Inspektor erklären, dass er sich ausruhen muss. Wir können es nicht gebrauchen, dass Reporter vor dem Krankenhaus auf ihn warten und uns bis nach Rio verfolgen. Ich meine, der arme Marcus –

Raquel, das liegt nicht mehr in deiner Hand. Du musst mit der Polizei zusammenarbeiten. Und wer weiß? Vielleicht fühlen sie sich ja bei all dem Medienrummel bemüßigt, tatsächlich etwas zu unternehmen. Ich habe derweil ein Paket mit einem dreckigen Messer bekommen. Es ist ganz verkrustet, vermutlich mit dem Blut deines Bruders.

In den makellosen Glastüren zur Delfim Moreira Avenue, hinter denen das vornehme Zentrum von Leblon lag, betrachtete er sein breites Spiegelbild, wie es dem seines Vaters entsprach, der ihn nach der Pubertät meist ignoriert hatte, abgesehen von ein paar exklusiven und alljährlich initiierten Gesprächen, in denen er Roberto daran erinnerte, dass seine Neigung zu Erkrankungen oder allermindestens zu Verzweiflung und Einsamkeit führen werde.

Als er hörte, dass Raquel am anderen Ende der Leitung wieder zu schluchzen begann, sagte er, er müsse jetzt los, werde sich aber darum kümmern. Es gebe Möglichkeiten.

Inspektor Lucio de Santos: Ich sehe, Sie sind nicht in der Verfassung für Fragen, mein Sohn, aber Sie sollten schon wissen, dass Sie im Grunde ein Glückspilz sind. Sie haben da immer noch ein bisschen Haut für ein neues Ohr. In einem halben Jahr nähen die Ihnen ein neues an, kein Problem. Das wird aus Ihrer eigenen Rippe gemacht – wussten Sie das? Adam und Eva, mal gelesen?

Opfer: (keine Reaktion)

Inspektor de Santos: Ich weiß, wir kennen uns nicht, aber irgendwas müssen Sie mir schon geben. Sie sagten, Sie trugen eine Augenbinde, aber wurde die nicht auch mal abgenommen?

Opfer: Als sie mir das Ohr abgehackt haben. Das hab ich Ihnen schon erzählt.

Inspektor de Santos: Und was war dann?

Opfer: Ich sah die Machete.

Inspektor de Santos: Dann müssen Sie auch den Kerl gesehen haben, der sie gehalten hat, stimmt's? Könnten Sie ihn auf einem Foto identifizieren?

Opfer: Wozu? Die Killer werden doch immer mehr in Brasilien.

Inspektor de Santos: Tja, wir haben ein Rechtssystem, mein Sohn, und wir tun unser Bestes, um das –

Opfer: Ich bin müde.

Inspektor de Santos: Ohne Zweifel, mein Sohn, aber als Ihnen das Ohr verbunden wurde, haben Sie da vielleicht gesehen –

Opfer: Es wurde nicht verbunden. Die haben mir Mull und eine Schüssel Schmutzwasser gegeben und sind rausgegangen.

Inspektor de Santos: Und als sie wieder reinkamen?

Opfer: War ich ohnmächtig. Wie ich schon erzählt habe.

Inspektor de Santos: Klar. Tja, nach so was weiß man nicht, ob man wirklich nicht gesehen hat, wo man war, oder ob man es bloß nicht noch mal sehen will, verstehen Sie, was ich meine?

Opfer: (keine Reaktion)

Inspektor de Santos: Weiß Ihre Mutter, was Ihnen passiert ist?

Opfer: (keine Reaktion)

Inspektor de Santos: Haben Sie eine Ahnung, wo wir sie finden könnten?

Opfer: (keine Reaktion)

Auf das Wasser des Teichs neben dem Hospital Aliança da Bahia senkte sich ein Schwarm weißer Reiher wie Blütenblätter. Raquel kam schon den zweiten Tag, um ihnen zuzusehen. Auf der anderen Seite des Teichs stand eine Bank, aber dort hockte bereits ein dünner grauhaariger Mann mit einem Buch, und das Letzte, was sie wollte, war Kontakt mit Büchern und Leuten, die gern welche lasen. Später in Rio würden alle ihre Bekannten darüber reden, was Rocha veröffentlicht hatte, und vielleicht über die Entführung seines Partners – es sei denn, er konnte sich von Flamenguinho ein Ende erkaufen.

Rocha hatte exorbitante Summen gezahlt, um das Buch innerhalb von zwei Tagen drucken und an eine Handvoll ausgewählter Buchhandlungen ausliefern zu lassen. Raquel glaubte nicht, dass ihre Mutter auch diesen Titel gewählt hatte, *Nach der Gasse*, aber vielleicht war es gut so. Die Titel ihrer Mutter hatten sie immer peinlich berührt mit ihren absichtsvollen Verwechslungen der Sinne: *Hast du die Schmetterlinge gekostet*, *Der warme grüne Klang deines Ärmels*. Als hätte ihre Mutter Fehler und Verwechslungen irgendwie schön gefunden. Aber was war schön daran, dass sie versehentlich in einer Gasse auf ihren Bruder geschossen hatte oder dass ihre Mutter Geld verspielte, das ihr nicht gehörte? Was war schön an dem verschorften Loch in Marcus' Kopf?

Raquel hätte gern Thiago angerufen, fühlte sich aber seinen Scherzen über ihre Zielgenauigkeit nicht gewachsen. Auf der anderen Seite des Teichs beugte sich der alte Mann auf der Bank konzentriert über sein Buch, so vertieft, als hätte er sein ganzes Sein in die Seiten auf seinem Schoß gelegt. So hingebungsvoll hatte ihre Mutter auch immer gelesen. Raquel selbst hatte das nie gekonnt. Sie hatte zu viele Vorbehalte dagegen, sich so auszuliefern und zu riskieren, dass irgendein Buch ihr sorgfältig konstruiertes Selbstgefühl zunichtemachte.

Ein Buch hatte das allerdings trotzdem getan, und sie selbst hatte es am Computer ausgedruckt. Sie hatte es in Rochas Hände gelegt, und jeder, der sie irgendwie kannte, würde nun wissen, dass es sie eigentlich gar nicht hätte geben sollen. Wie lange hatte ihre Mutter gebraucht, um diesen Fehler schön zu finden oder zumindest die Tochter, die daraus entstanden war?

Raquel griff in ihre Tasche nach dem Telefon, als würde es auf die richtige Frage hin vielleicht klingeln.

Alessandro schlief schon seit Stunden neben ihm, doch Rocha war zum Schlafen zu nervös. Er hatte die beiden illegalen »Eliminierungsunternehmen« angerufen, wie seine Schwester ihn geheißen hatte, nicht ohne ihn vorher auszuschimpfen, weil er die Familie in eine so bedrohliche Lage gebracht hatte, wegen einer Schriftstellerin mit einem Spielsuchtproblem. Rocha hatte keine Entschuldigung geäußert, und seine Schwester hatte keine verlangt. So eine Familie waren sie nicht, aber sie hatte schon recht, er war zu weit gegangen. Den falschen Schritt hatte er in seinem Hotel gemacht, bei der Übersetzerin. Sie hatte gesagt, Beatriz' neues Manuskript sei dort im Zimmer, und er hatte danach gehechelt wie ein Hund. Er hatte so wenig vorausschauend reagiert wie ein Tier. Sein Name, die Liebe seines Lebens, der ganze Umfang seiner Reserven – all das lag nun offen.

Angewidert stand er auf und schlurfte in die Küche. Es dämmerte schon fast. Rocha blätterte aufgewühlt noch einmal die ungeöffnete Post vom Vortag durch und hielt bei einem schmalen blauen Umschlag inne, der ihm unter den Rechnungen noch gar nicht aufgefallen war. Abgestempelt war er auf Boipeba, der kleinsten der Tinharé-Inseln vor der Küste von Salvador. Auf diesem Eiland endete *Nach der Gasse* – jedenfalls in seiner Fassung des Romans. Die Szene, die er für die letzte Seite gewählt hatte, war im Dokument nicht der Schluss gewesen, doch Rocha war überzeugt, dass es richtig war, die Erzählung mit ihr zu beenden, und dass Beatriz auch dieser Meinung wäre. Er hatte die Frau mit ihrem Kind am Meeresufer stehen lassen, der Mann, der nicht der Vater des Kindes ist, schläft nichts ahnend im Hotel, und der Sand reflektiert die Sonne so grell, dass die Frau dem kleinen Mädchen sagt, es solle die Augen schließen.

Er war unsicher gewesen, ob er die darauffolgenden Seiten ohne Beatriz' Zustimmung eliminieren durfte. Als er jetzt daran dachte, spreizte er nervös den Daumen ab und schlitzte den Umschlag damit auf. Diese verwünschte Frau. Was immer sie jetzt von ihm wollte, er würde es ignorieren.

Rocha entfaltete den Brief und sprang gleich zum Ende der Nachricht, zum Namen Yolanda. Auch über diese frühe Erzählung waren sie unterschiedlicher Meinung gewesen. Er hatte geglaubt, dass sich Beatriz in einem einzigen Buch nur eine bestimmte Anzahl Geschichten über Selbstzerstörung leisten konnte, und Yolanda war eine Figur in der Pubertät. Rocha fand Teenager in der Literatur noch enervierender als in der Realität. Yolanda in ihrem albernen pubertären Streben nach allem Dunklen stellte sich taub. Diesem gekünstelten Leiden gab sie sich so vollkommen hin, dass sie nichts hörte oder nichts hören wollte, als Soldaten auf das Haus ihrer Familie zukamen und ihr Vater rief, sie solle weglaufen und sich im Silo verstecken. Sie schnitt einfach weiter Schnipsel aus den Zeitschriften ihrer Mutter aus, das Wort »Glanz«, dann ein Stückchen Windschutzscheibe, und ihre Hand führte die Klingen der Schere dabei so sanft, als würde sie einen Verband von einer Wunde schneiden.

Querido Roberto,
die Stille hier ist vollkommen.
Du hattest recht, hier musste alles enden.
Sag bitte Raquel, ich werde auf sie warten.
Ich bin in dem Hotel mit den gelben Schirmen.
Yolanda

Als Emma um vier Uhr früh in ihr Zimmer kam, schnarchte Miles in ihrem Bett, und Marcus' Boxershorts lagen im Abfalleimer. Die Position der Shorts ließ sich relativ leicht verändern. Emma zog sie leise aus dem Müll, steckte sie in die Innentasche ihres Gepäcks und zog den Reißverschluss zu.

An Miles' augenblicklicher Position war jedoch schwerer zu rütteln, und Emma war erschöpft. So viele Stunden vor dem Schockraum zu wachen, auf Nachricht von Marcus zu warten, hatte sie mürbe gemacht. Jedes Mal, wenn eine neue Schwester erschien, hatte sie nach dem Stand der Dinge gefragt und die Frau gebeten, Raquel auszurichten, dass sie noch da war. Alle Schwestern hatten höflich genickt. Eine hatte sich schließlich erbarmt und ihr erzählt, dass Marcus nicht mehr in Lebensgefahr schwebte. Schließlich, kurz vor der Dämmerung, war Raquel herausgekommen. Es hatte zwei Operationen und eine Bluttransfusion gebraucht, aber Marcus lebte und wurde intravenös mit Antibiotika vollgepumpt. Höchstwahrscheinlich würde er bis Mittag schlafen. Raquel hatte darauf beharrt, dass Emma wirklich nicht bleiben müsse, also war sie erschöpft in ihr Hotel zurückgefahren, obwohl alles in ihrem Körper ihr sagte, dass es der falsche Ort für sie war.

So lange hatte sie mutwillig das Dazwischen gesucht. Sie hatte es für ihr Schicksal gehalten, in einem Schwebezustand zu leben, zwischen zwei Ländern zu treiben, im Dunst zwischen den Sprachen. Doch zu viel dunstige Freiheit brachte ganz eigene Zwänge mit sich. Mittlerweile fühlte sich Emma von ihrem Schwebezustand so eingeengt wie andere, mustergültigere Menschen von der Stadt ihrer Geburt.

Emma starrte den Mann an, der in ihrem Bett schnarchte. Sie hatte sich so oft zu ihm unter die Decke gelegt, doch jetzt machten ihre Beine nicht mit. Sie waren schon auf dem Weg zur Tür. Auf dem Flur, direkt vor dem Zimmer, sank sie zu Boden. Der Teppichboden fühlte sich steif und kratzig an wie Kunstrasen. Doch was blieb ihr anderes übrig? Ein zweites Zimmer konnte sie nicht bezahlen. Ihr Girokonto wies nur noch ein dreistelliges Guthaben auf, und im Grunde musste sie ja auch nur für einen Moment in die Horizontale, ganz kurz hier auf dem Flur liegen, die Augen schließen und die Szene weiterspinnen, die sie in ihrem Notizbuch nicht beendet hatte. Nun, am Abend, war die verschwommene Erscheinung der Übersetzerin auf der Anklagebank etwas deutlicher geworden, wenn auch nur durch das zusätzliche Licht im Gerichtssaal. Damit sie ihren Fall untermauern konnte, musste jetzt bloß noch ihre Autorin kommen und für sie aussagen, dem Gericht erklären …

Senhora, você precisa de um médico? Você caiu?

Beim Aufwachen sah Emma ein Paar hochhackige Sandalen vor ihrem Gesicht. Steife Grasstoppeln hatten sich auf ihren Wangen und Beinen abgedrückt. Oder nein, das war kein Gras. Das war ein Teppich. Sie lag immer noch im Flur. Als sie aufblickte, sah sie, dass die Sandalen einer älteren Frau mit freundlichem Gesicht und São Paulo-Akzent gehörten. Die Frau erkundigte sich nach dem Schnitt über ihrem Auge und fragte, ob sie einen Arzt rufen solle.

Danke, alles in Ordnung, wirklich. Emma wollte aufstehen, um zu demonstrieren, dass sie weder krank noch wahnsinnig war, doch ein Fuß hatte sich in einen Sandsack verwandelt.

Tut mir sehr leid, sagte sie, als die Frau ihr aufhalf. Mein Zimmer ist gleich hier. Zum Beweis klopfte Emma forsch und selbstsicher an.

Miles riss sofort die Tür auf, längst angezogen und rasiert und mit frischer Wut. Du siehst furchtbar aus, sagte er. Wo warst du denn?

Ich war nirgendwo, antwortete sie. Ganz einfach nirgendwo.

Dann war es Mittag. Strahlender, blendender brasilianischer Mittag. Emmas Augen erholten sich noch davon, als sie die unfallchirurgische Station betrat und endlich auf Marcus' Bett zuging. Es dauerte etwas, bis sie in dem Desaster aus geschwollener Haut und Stichen sein Gesicht erkannte. Über die unförmige rechte Seite seines Kiefers zog sich ein Keil rohes Fleisch.

Mach die Tür zu, befahl Raquel vom Stuhl aus.

Emma gehorchte erleichtert, denn nun gab es einen Grund, den Blick von Marcus zu wenden und auszupacken, was sie ihm mitgebracht hatte. Soll ich deine Kleider hierhin legen, auf den Tisch? Ich habe auch deine Schokolade mitgebracht und Mango für –

Er hat Schmerzen, sagte Raquel. Kannst du dich einfach setzen?

Natürlich. Tut mir leid. Emma drückte ihre Einkaufstasche an die Brust, wusste aber schon wieder nicht, wo sie sich niederlassen sollte. Es gab nur einen Stuhl, und auf dem saß Raquel. Vielleicht komme ich später noch mal, bot sie an.

Nein, es passt schon. Ich muss wirklich was essen.

Raquel stand auf, die beiden Frauen schoben sich schweigend aneinander vorbei, und Emma übernahm den einzigen Stuhl auf der anderen Seite des Betts, fern vom Infusionsständer. Als Raquel gegangen war, drückte sie die Lippen an Marcus' Finger. Sein Arm kam ihr blasser vor, die Adern waren deutlicher darauf zu sehen.

Minha tradutora, murmelte er, und sie erzählte ihm, wie lange sie im Wartezimmer gesessen hatte, wie gern sie in den Krankenwagen gestiegen wäre, aber seine Schwester …

Ich weiß. Er schloss die Augen. Sie war ihm nun nah genug, um den Schorf in seinem Wundwinkel zu sehen, die lange Naht an dem geschwollenen Wulst, der noch an sein Ohr erinnerte. Emma wurde ganz schlecht angesichts dieser Brutalität und bei dem Gedanken daran, dass ihre Autorin wusste, was ihrem Sohn widerfahren war. Oder nicht wusste.

Ich werde sie für dich finden, sagte sie.

Bitte nicht, und Raquel auch nicht. Wir waren naiv, sagte Marcus in einem Ton, der beinahe bitter klang, wie sie es nie von ihm gehört hatte. Wir hätten untertauchen sollen, wie meine Mutter, oder gleich das Land verlassen.

Emmas Herz stand still. Würdest du es denn jetzt verlassen?, fragte sie, doch Marcus zuckte nur mit den Schultern.

Es bringt nichts, sagte er. Sie haben mich schon fertiggemacht. Ich bin ein Mann ohne Ohr.

Als er das Ohr erwähnte, entzog er Emma seine Hand und schloss die Augen. Jeder Trost, der ihr einfiel, kam ihr unangemessen vor, also sagte sie nichts. Sie wusste nicht einmal, wo sie hinsehen sollte. Jedenfalls nicht auf seinen Verband, und nicht auf den Hals mit diesem Kranz schrecklicher, wund wirkender Blasen, dort, wo der Strick den Sack an die Haut gepresst hatte.

Und das Buch, sagte Marcus, ohne die Augen aufzuschlagen. Hast du es mitgebracht?

Ja. Emma griff nach ihrer Tasche. Ich wusste nicht, ob du hören willst, was deine Mutter –

Ich meinte deins. Was du geschrieben hast.

Emma beugte sich über ihn, als wären sie wieder auf der Fähre und hätten den feuchten Wind im Rücken. Marcus reckte sich ihrem Mund entgegen, und etwas piepte an den Maschinen. Bestimmt der Libidoleser, sagte Marcus, doch das Piepen hörte nicht auf. Es wurde schneller und schriller. Als Marcus sie heftiger küsste, stützte sich Emma auf ihre Handgelenke und machte sich darauf gefasst, dass gleich jemand nach den Maschinen sehen und sie so vorfinden würde, zu weit über das Bett gebeugt, um sich noch aufzurichten.

Freunde, wieder wurde ein armer rapaz *aus Minas für immer weggesperrt. In Rekordzeit, meinte die Polizei, haben sie den Kerl erwischt, der Yagodas Sohn entführt hat. Doch der arme* rapaz, *den sie geschnappt haben, kann nicht mal seinen Namen schreiben. Wir hier auf Radio Globo fragen uns, wie er die Lösegeldforderungen geschrieben hat. Ob ein Kredithai mit richtig Kohle wegen Benzindiebstahls vorbestraft ist?*

Und so, Freunde, geht es weiter im großen Zirkus der brasilianischen Justiz.

Die Verhaftung wurde in den Morgennachrichten gezeigt, während Raquel auf ihrem Hotelbett saß. Sie vertilgte gerade den matschigen Rest eines Sandwichs aus der Krankenhauscafeteria und schrieb dabei eine SMS an Thiago. Wenn sie mindestens dreierlei gleichzeitig tat, lenkte das davon ab, dass sie meistens so aß, ganz allein.

Glaubst du, dieser Mann, schrieb sie an Thiago, würde sich Reis und Bohnen vom eigenen Teller entführen?

Sie schluckte einen weiteren Bissen ihres matschigen Sandwichs, las die Nachricht noch einmal und bereute schon, sie gesendet zu haben. Nach der Waffe hatte Thiago nicht mehr viel beigesteuert. Es dauerte Stunden, bis er antwortete, und dann riss er nur Witze darüber, dass er ihren Job Enrico geben würde, wenn sie noch länger wegblieb – Enrico, der so anmaßend und ungeschickt war, dass sie sich beim Essen oft über ihn lustig gemacht hatten.

Nach Angaben der Polizei könnte diese Verhaftung dazu führen, dass die gefeierte Schriftstellerin

Beatriz Yagoda zurückkehrt, erklärte die Nachrichtensprecherin und strich sich den gebleichten Pony aus dem Gesicht, worauf Raquel den Fernseher ausschaltete.

Dann knallte sie die Fernbedienung auf den Boden und anschließend ihr Telefon, das sie daraufhin eine lange, verzweifelte Weile suchen musste, weil es zu klingeln begann.

Aber es war nur Rocha. In wie üblich unnahbarem Ton berichtete er, er habe einen Brief von ihrer Mutter bekommen, abgestempelt auf der entlegenen Insel Boipeba. Es ist ihr Wunsch, sagte er, dass du zu ihr kommst.

Raquel betrachtete ihre verdreckten Kleider auf dem Boden, ihre vom Schweiß knittrigen Tanktops, ihre vergilbten BHs. Das eine gut geschnittene Leinenkleid in ihrem Gepäck war inzwischen an zwei Stellen fleckig, aber sie trug es weiter. Sie hatte sogar begonnen, Unterwäsche mehrmals anzuziehen.

Rocha erklärte, der Brief sei sehr kurz, worauf Raquel nickte und erst merkte, dass sie weinte, als sie sich das Gesicht abwischte. Und meine Mutter meint, sie kann mir einfach über dich ein paar Zeilen schicken, sagte sie, und schon springe ich auf die nächste Fähre nach Boipeba?

Meine Liebe, es steht dir frei, mit dieser Information anzufangen, was immer du möchtest.

Ach ja? Besonders frei fühle ich mich nicht. Raquel

riss die Schreibtischschublade auf, um den Notizblock zu holen, den sie darin gesehen hatte. Wie heißt ihr Hotel?

Tja, ich habe meine Assistentin darangesetzt; ich glaube, du könntest sie in der Pousada do Sol finden. Deine Mutter hat nur angemerkt, dass sie in dem mit den gelben Schirmen abgestiegen ist.

Sie hat nichts angegeben als die Farbe der Schirme? *Puta que o pariu!* Raquel sank auf ihr Bett. Sie wusste, so ein Ausbruch war genau das, wovor ein Mann wie Rocha zurückschreckte, also musste sie sich beruhigen. Nur er konnte sie alle retten.

Und was soll ich mit meinem Bruder machen?, brüllte sie dennoch. Ihn von der Übersetzerin meiner Mutter betreuen lassen? Emma versteht nichts von brasilianischen Krankenhäusern.

Die Übersetzerin wird das schon schaffen, sagte Rocha. Ich muss wirklich los, meine Liebe. *Um beijo.*

Als Raquel wieder mit dem kleinen Rest des matschigen Krankenhaussandwichs allein war, wandte sie sich ihrem Telefon zu, um die Sache nach Art ihrer Generation anzugehen. Sie tippte auf den Bildschirm und fing an zu suchen.

Es verkehrte ein Katamaran nach Morro de São Paulo. Danach würde sie ein Schnellboot nehmen müssen. Anscheinend gab es keine direkte Verbindung, aber so war das mit ihrer Mutter immer gewesen.

Raquel scrollte nach unten zum Fahrplan des Boots, fand aber nur eine einzige Uhrzeit: eine Möglichkeit am Tag, um zehn Uhr vormittags.

Sie hatte dreiundfünfzig Minuten.

Möglichkeit f., mhd. *mügelicheit*. **1.** Etwas, das eintreten könnte und mit dem man rechnen muss: *Es bestand die Möglichkeit, dass sie ihre Mutter nur mithilfe gelber Schirme fand.* **2.** Die Chance, etwas ins Werk zu setzen. **Siehe auch:** Glücksspiel, Risiko.

Die Bootssirene ertönte bereits, als Raquel ankam, und der Motor wirbelte Wasser auf. Vom Pier herunter rief sie dem Kartenabreißer zu, er solle warten, während die Rollen ihres Koffers schon über die Planken ratterten. Er bedeutete ihr, sie solle sich Zeit lassen, kein Problem, doch nun war sie einmal losgerannt und konnte nicht mehr bremsen. Sie keuchte noch, als er ihr Gepäck auf das Boot hob und sagte, sie solle sich entspannen. Sie sei nicht die Letzte. Kurz nach ihr sei ein Mann aus einem Taxi gestiegen.

Ist gleich hinter Ihnen rangefahren, sagte der Kartenabreißer.

Und kommt er jetzt über den Pier? Raquel spürte, wie ihr Hals eng wurde. Er ist mir gefolgt, sagte sie. Sie kriegen vierzig Reais, wenn Sie die Planke sofort einholen. Bitte. Raquel griff nach seinem dünnen, geäderten Arm. Es war ein alter Mann mit weißen buschigen Augenbrauen und faltiger Haut um den Mund. Mein Ex-Freund ist furchtbar gewalttätig, sagte sie, und kramte in ihrem Portemonnaie nach Geld.

Als sie ihm sechzig Reais hinhielt, sagte er: *Está bom, menina*, und zog den Steg ein.

Beim Ablegen erlaubte sie sich keinen Blick zurück. Wenn er ein Gesicht hatte, würde er sie nur noch länger heimsuchen. Raquel dachte an die Papiere ihrer Mutter und fragte sich, ob ihre Mutter imstande gewesen war, die Augen geschlossen zu halten. Inzwischen lag die stumpfe Kante des Docks schon schräg hinter dem Katamaran.

Nun waren sie auf dem offenen Wasser und unterwegs.

Rocha wohnte zwar direkt am Meer, hielt aber nie inne, um es zu betrachten. Derartiges kam ihm inzwischen vor wie ein Klischee. Doch an diesem Morgen konnte er nicht widerstehen. So kam es, dass der Leibwächter, den er für sich und Alessandro befristet eingestellt hatte, zehn Schritte hinter ihm ebenfalls innehielt. Es war lästig, den ganzen Tag auf diese Weise verfolgt zu werden, doch bis die längst bezahlten Dienstleistungen erledigt waren, hatte er keine Wahl. Bewegungsfreiheit war für ihn immer selbstverständlich gewesen.

Diese herrliche Brise hatte er auch vergessen, und dass man sie erst spürte, wenn man ganz zum Stehen gekommen war, obwohl er gar nicht so sehr an das Meer dachte als vielmehr an Raquel, die gerade dort unterwegs war, und daran, wie lange sie wohl brauchen würde bis Boipeba. Er fand die junge Frau ziemlich unangenehm, doch wenn er sie sich nun allein auf einem Boot voller Touristen vorstellte, fühlte er mit ihr.

Selbst wenn sie ihre Mutter fand, würde das Gespräch beziehungsweise der Mangel daran entsetzlich sein. Beatriz würde irgendeine düstere Unstimmigkeit am Strand fixieren – einen Plastiklöffel, der aus dem Sand ragte, die Hand einer kaputten Puppe, einen sterbenden Vogel. Raquel würde bemerken, dass ihre Mutter wegsah, und mehr wollen, viel mehr, und konnte man ihr das verdenken? Wollte er nicht auch mehr von Beatriz? Wollte das nicht jeder?

Miles blieb. Emma traute sich nicht, ihn aus ihrem Hotelzimmer zu werfen, doch abgetreten hatte sie es ihm auch nicht. Sie nahmen nur das Frühstück gemeinsam ein. Danach fuhr Emma ins Krankenhaus, und Miles schwamm endlose Runden im Hotelpool oder ging laufen, auch wenn es noch so heiß war, dass er sich die Haut an der Stirn und die Spitzen seiner großen Ohren verbrannte. Als Emma beim Frühstück die Vorzüge eines Huts erwähnte und dass sie daran zunächst auch nicht hatte denken wollen, wandte Miles sich ab und warf ihrem Kellner böse Blicke zu. Er sagte, er sehe doch, dass der Mann im Türdurchgang nichts anderes tue, als auf das Meer zu starren. Bestimmt fühlst du dich deshalb so heimisch hier, sagte er. Kein Mensch scheint sich darum zu kümmern, dass jemand auf ihn warten könnte.

Emma lächelte daraufhin angespannt. Der Zeitpunkt schien so ungünstig wie jeder andere, um ihm zu sagen, dass Marcus bald aus dem Krankenhaus kommen würde. Als Miles das hörte, fing er an, mit dem Buttermesser allerhand unsichtbare Gegenstände auf dem Tisch zu zerhacken. Du kannst nicht weiter so tun, als wäre das dein Leben, sagte er.

Es ist seit Jahren mein Leben.

Hack, hack, hack, machte sein Messer auf dem Tisch. Ein Kind kam vorbei, das Blumen aus lackierten Muscheln verkaufte, und dann schlich ihr Kellner heran und sagte, leider gebe es heute keinen Espresso. Etwas stimme nicht mit der Maschine. Ob er ihnen Tee anbieten könne?

Das Wasser um die Insel Boipeba verbarg nichts. Während der Katamaran die Fahrt verlangsamte und schließlich anlegte, sah Raquel bis zum Grund, all die zerbrochenen Muscheln, die im Kielwasser des Boots kreisten, und sogar winzige, glitzernde Fische im Schilf. Oben am Ufer herrschte quirliger Tourismus. Raquel versuchte, sich auf die Hotels und ihre Schirme zu konzentrieren, war aber abgelenkt von all den Eseln und Ausländern und Inselbewohnern, die sich dazwischen mächtig ins Zeug legten, um ein paar Dollar zu verdienen.

Senhora, a bagagem!, schrie ein Mann, der gerade einen der Esel belud, und zeigte auf den frischen Kot seines Tiers, durch den sie gerade ihr Gepäck gezogen hatte.

Die ganze Woche schon beobachtete João die schwerfällige ältere Frau mit dem Trenchcoat. Es hatte auf Boipeba keinen einzigen Tag geregnet, doch die Frau trug den Mantel immer mit sich herum wie eine Handtasche oder ein Schoßtier. Als sie erstmalig in das Hotel spaziert war, hatte er sie wegen der blassen Haut und der hellen Augen für eine Ausländerin gehalten. Doch sie sprach perfektes Carioca-Portugiesisch und fragte nicht nach Klimaanlage oder WLAN oder was Ausländer sonst alles wissen wollten. Sie hatte nur nach dem Wochenpreis gefragt, sich eine lange Dannemann-Zigarre angesteckt, als könnte eine gewichtige ältere Frau mit einem Trenchcoat über dem Arm auf einer entlegenen Insel nichts Selbstverständlicheres tun, und war ihm dann so leise zum Zimmer gefolgt, dass er sie hinter sich gar nicht bemerkt hätte, wäre da nicht das Laubaroma ihrer brennenden Zigarre gewesen.

Seither hatte sie täglich den ganzen Nachmittag mit Rauchen verbracht. Sie suchte sich einen Platz unter den Schirmen oder an einem der schattigen

Holztische unter den Palmen. Ana, die morgens die Zimmer machte, hatte sie zuerst die Witwe Yolanda genannt und gesagt, dass die Zigarren ihrem Mann gehört haben müssten. João hatte noch nie eine Frau gesehen, die so in der Öffentlichkeit rauchte, doch seine Mutter hatte sich auch seltsam verhalten, als das Fischerboot ohne seinen Vater zurückgekommen war. Da waren diese Bäder gewesen, mitten in der Nacht, und wie bei der Witwe Yolanda Stunden, in denen seine Mutter nichts anderes tun konnte, als den Mülleimer oder einen Riss in der Wand anzustarren, als wären die hypnotisch wie Wellen.

Mario, der Hotelbesitzer, war oft in Rio gewesen und sagte, er sehe, dass die Witwe mal eine Klassefrau gewesen sei. Er sagte, es sei schade, dass sie sich erlaubt habe, so rund und verdrießlich zu werden. Er sagte, Cariocas seien dafür bekannt, auch jenseits der fünfzig noch sexy zu sein, und mit den grünen Augen und dem rötlichgrauen Haar hätte Yolanda einen zweiten Ehemann gefunden, kein Problem, wenn sie nur in Form geblieben wäre.

Doch auf der Insel geriet die Witwe Yolanda definitiv aus der Form. Jeden Morgen sah sie zerrütteter aus. An ihrem zweiten Tag auf der Insel rührte sie ihr Mittagessen nicht an. Am dritten Tag setzte sie sich auf ihre Brille und zerbrach ein Glas. Sie hatte João um Klebeband gebeten, um den Rahmen richten und die Brille tragen zu können, räumte nun aber ein, dass sie durch die Gläser kaum noch etwas sah.

Als am Freitagmorgen beim Frühstück eine junge Frau hereinkam und *Mamãe* sagte und auf die Witwe losstürmte, drehten sich alle Gäste an den anderen Tischen um und sahen zu.

Auf die Berührung ihrer Tochter hin durchfuhr die Witwe ein Zucken, als wäre sie ein frisch aufgeschlitzter Aal. João wusste, dass er wegschauen sollte, aber er konnte nicht. Niemand konnte das. Die Tochter berührte die schiefe Brille der Mutter und den verdreckten Trenchcoat und fing an zu schluchzen. Neben der Tochter, die nicht schön war, sah João nun, was Mario gemeint hatte. Nicht nur fehlten der Tochter die grünen Augen der Mutter oder die lange, schmale, fremdländisch wirkende Nase. Wenn sich die Witwe bewegte, hatte das etwas Historisches. Es war, als sähe man einen alternden Leoparden durch den Wald schleichen. Alle hatten gebannt zugeschaut und sich vorzustellen versucht, wie mühelos sie einmal gejagt haben musste.

Doch dann ließ die Witwe Yolanda ganz plötzlich ihre Tochter los und trat zurück – sodass ihre Tochter mit ausgestreckten Armen auf einmal nichts mehr umschlang, vor allen Leuten. Die Tochter wandte den Kopf wie nach einem Schlag, und auch João wandte sich ab und schämte sich für sie. Außerdem roch es ganz plötzlich stark nach frischem Dung.

Als João sich wieder umwandte, ging die Tochter gerade aus dem Frühstücksraum, die Witwe ihr nach. Den restlichen Tag über hielten die beiden sich fern vom Hotel. Er sah sie einmal am Strand, wo die Witwe die Mantelärmel bis über ihre sommersprossigen Handgelenke aufgerollt hatte und eine der langen Dannemann-Zigarren paffte, während die Tochter redete, unentwegt redete. Die nächsten zwei Tage saßen sie beim Frühstück am entlegensten Tisch. João konnte nicht hören, was sie sagten, doch es war die Tochter, die ständig gestikulierte und ihre Hände zu Fäusten ballte. Die Witwe Yolanda blieb reglos wie ein Leopard, rauchte, hörte zu.

Am selben Nachmittag rollte die Tochter ihr Gepäck so plötzlich, wie sie gekommen war, zum Pier zurück. Die Witwe folgte ihr langsam und hatte nichts als den Mantel dabei. Die beiden hatten weder den Schlüssel abgegeben noch für die letzten zwei Nächte bezahlt. João wusste, dass es sein Job war, Gästen in solchen Situationen nachzulaufen. Wie peinlich. Er hasste so etwas und brachte es nicht über sich, nicht bei der Witwe und ihrer unscheinbaren Tochter. Wenn Mario ihm zusetzte, konnte er einfach sagen, er habe sie nicht weggehen sehen, sie seien raffiniert gewesen. Mario hatte gesagt, die Witwe sei Jüdin.

Aber Yolanda blieb. Als das Boot ablegte, war nur die Tochter an Bord. Die Witwe blieb auf dem Pier und sah ihm nach, während die Esel langsam um sie herumspazierten. Sie stand immer noch da, als sich die angekommenen Passagiere längst zerstreut hatten und die Bootsleute Mittagspause machten; die Sonne brannte auf ihre runde, traurige Gestalt, und João fragte sich, ob er sie in den Schatten führen sollte, oder sonst jemand, doch das tat niemand. So eine Frau war sie nicht.

Auf einem Pier zwischen Eselsherden stehen und zusehen, wie deine Tochter über das Wasser treibt, weg von dir.

Ihr nachsehen durch eine zerbrochene, geborstene Brille.

Zwei Nächte gewacht und deinem erwachsenen Kind beim Schlafen zugesehen haben, dem Kind, das du zu früh gezwungen hast, erwachsen zu sein, und das davon stark geworden ist wie eine Rebe.

Die Frau studieren, zu der dieses Kind geworden ist, während sie neben dir tief schläft.

Sie gierig trinken, trinken wie einen Eintopf, für den es keinen Löffel gibt.

Genug durch das gebrochene Brillenglas sehen, um zu wissen, dass ihr noch im Schlaf unwohl mit dir ist, dass sie den schweren Mantel verabscheut, den du auf einer Bank gefunden hast und der schrecklich ist, doch wegen der Taschen musst du ihn behalten.

In diese wunderbaren Taschen alle deutschen Zigarren Brasiliens stecken.

Sie alle rauchen.

Langsam den Mut aufbringen,
    rauchend,

es auszusprechen.

Deiner Tochter von dem Blut erzählen, das dir die Beine hinunterlief und Flecken auf deinen Sandalen hinterließ, auf einer Restauranttoilette, kurz nach der Hochzeit mit ihrem Vater.

Deiner Tochter die Kürze des Zeitraums verschweigen zwischen der Blutung im Restaurant, die du Fehlgeburt nanntest, und dem Gefühl, erneut schwanger zu sein, ihr sagen, dass du die Abfolge um der Geschichte willen so geschrieben hast.

Ihr von dieser Blutung erzählen und sich dann zurückziehen auf Sprüche über Handwerk und Schönheit.

Nichts erwähnen von der Wahrheit über den Zeitraum, dass es nicht mal ein Tag war und der Arzt sagte, es sei dieselbe Schwangerschaft, es sei eine Schmierblutung gewesen, keine Fehlgeburt, weil du dir gewiss warst, dass er sich irrte – es war jetzt ein anderes Baby, und den Vater hattest du dir ausgesucht.

An dieser Gewissheit festhalten, wie man festhält an einem Mantel oder einem Wort.

Einen Mantel aus Worten gemacht und sich hineingehüllt haben.

In einen Mandelbaum gestiegen sein.

Immer höher geklettert sein wie als Kind, dieselbe Brise erinnern, die denselben Mandelduft brachte, und ehe du stürzen konntest, war dort unten dein Vater, um dich aufzufangen.

Die Tatsache aushalten, dass du auf einer Insel warst und dort nur geraucht hast, während ein Karton mit dem Ohr von einem deiner Kinder in ein Hotel geliefert wurde.

Den Selbstekel kennen, der daraus folgt, deinem Sohn geschadet zu haben, deinen beiden Kindern, und sich vor diesem Ekel nirgends verstecken können, nur wieder in dem schmutzigen alten Mantel.

Es deine Tochter sagen zu hören riecht nach einer Fremden.

Die Fremde sein, von der sie spricht.

Merken, dass es wie Fieber ist, den ganzen Tag eine Fremde für sie zu sein, die Haut brennt davon, und unterdes kocht deine Tochter, weil sie dich nicht erträgt.

Zusehen, wie sie mit einem Boot davonfährt, durch eine Brille, auf die du dich gesetzt hast und die du nicht reparieren kannst, hier, wo du gehört hast, dass man dich Witwe nennt.

Nun, wo sie abfährt, genügend Splitter deiner Tochter durch die zerbrochene Brille erhaschen, um es zu wissen.

Darauf setzen, dass ihr Boot zum Bindestrich geworden ist vor dem Wasser, zum Komma, und dann

Als Rocha den richtigen Sender einschaltete, hatte er das Feuer verpasst. Die Kameras zeigten nur noch die Asche, verwehte Böen wie Heuschreckenschwärme, oder wie kleinere Teilchen, die kein Fernseher abbilden konnte – zusammengeballte Atome oder Elektronen, Spektralbestandteile eines Geistes, der so außergewöhnlich war, dass er nicht einfach alt werden und auf eine Krankheit warten und diese Welt auf gewöhnliche Weise verlassen konnte.

Dann, als die Kamera endlich wegzoomte, sah er das Hotelschild, die gelben Schirme, und dass fast der ganze hintere Teil des Gebäudes nur noch ein schwarzer Krater aus Asche war. Ein junger Mann von der Insel, der an der Rezeption arbeitete, sprach in ein Mikrofon, doch Rocha schaltete ihn stumm. Er ertrug es nicht, die Analysen irgendwelcher Hotelboys in Flipflops zu hören. Er hatte bereits gehört, wie sich die Inselbewohner über ihre komischen Zigarren ausließen, dass der Brand sicher ein Unfall gewesen sei. Doch Beatriz hatte es ihm gesagt, und ihm war es entgangen. Sie hatte geschrieben, die Insel sei der richtige Ort für ein Ende, und er hatte den Satz lediglich so gelesen, dass er sich auf ihn und auf ihr von ihm veröffentlichtes Buch bezog, als wollte sie ihm auf liebenswürdige Weise mitteilen, dass es sie nicht entsetzte, was er mit ihren Papieren angestellt hatte. Er hatte die Notiz nur daraufhin gelesen, was sie über sein Können aussagte, darüber, welchen Wert sie ihm als Verleger beimaß.

Nicht einmal jetzt, wo er zusah, wie eine hemdlose Männerbrigade von der Insel eimerweise Wasser auf das Zimmer kippte, in dem sie Feuer gefangen hatte, konnte Rocha an ihren Körper selbst denken. Nur an ihre Sätze, an Luisa Flaks in der Badewanne, wie sie Seifenschaum und Wasser über den Rand und immer weiter laufen ließ, daran, wie Beatriz darauf beharrt hatte, dass er sie missverstand, dass es die Sprache war, die man in Zaum halten musste, nicht die von ihr erfundene Frau, nicht das Wasser, das sich über den Rand und auf den Boden ergoss.

Und jetzt konnte man nicht einmal mehr die Asche deutlich erkennen. Ein Körnchen Ruß oder Sand hatte sich auf die Kameralinse gesetzt, oder ein Spritzer Wasser.

Herrgott, mach das weg!, fuhr Rocha den Fernseher an wie ein Greis. Doch der Fleck blieb da.

Eliminiert. Dieses Wort hatte das Unternehmen verwendet, als ihm telefonisch mitgeteilt wurde, dass der Kredithai endgültig abserviert war. Sie hatten ihn ausfindig gemacht. Rochas Schwester hatte darauf beharrt, dass sie zwei Unternehmen engagierten, weil eines von beiden mit Sicherheit inkompetent war. Er hatte mehrere Verbrecher dafür bezahlt, dass sie an seiner Stelle jemanden ausfindig machten und umbrachten, er hatte einen Mord gebilligt, hatte den Scheck ausgeschrieben, und er verabscheute sich moralisch dafür. Rocha hatte sich stets für prinzipientreuer gehalten als seine Geschwister. Er gönnte sich etwas wie sie, aber er hatte geglaubt, dass er anders war, dass er, wenn es wirklich darauf ankam, bei seinen Prinzipien bleiben würde, im Gegensatz zu seinen selbstgefälligen Brüdern und Schwestern. Aber das stimmte nicht. Kurz nach Marcus' Entführung hatte Alessandro bereits in den Raum gestellt, einen Killer anzuheuern, doch Rocha war dieser Vorschlag gegen den Strich gegangen. Einen Mörder anheuern? Dieses Gewerbe unterstützen? Er hatte Alessandro erklärt, dass das Land nie vorankäme, wenn es unter gesetzestreuen Bürgern normal war, Mörder anzuheuern und sich gegenseitig umzubringen.

Doch genau das hatte er getan. Er hatte einen Mörder angeheuert. Mehrere Mörder. Er war ein Mann, der an seinen Prinzipien festhielt, wenn es auf Kosten des Lebens anderer Leute ging, aber nicht, wenn es sein eigenes betraf. Oder das seines Liebhabers. Und nun konnte er nur noch diese nichtswürdigen, verrußten Aufnahmen von einem brennenden Haus im Fernsehen betrachten wie alle anderen auch.

Bei jeder Welle hielt Raquel sich fest, klammerte sich an die Reling wie alle anderen. Wenn die Nase des Boots danach mit Wucht aufs Wasser krachte, warf es jeden in seinen Sitz. Wissen Sie, das liegt am Mond, sagte eine ältere Frau, die neben Raquel an der Reling verharrte. Als die Frau zu erzählen begann, wie sie zuletzt kurz vor Vollmond ein Boot zum Festland genommen hatte, nickte Raquel höflich, hörte aber kaum hin, sie hatte nämlich nicht vor, noch einmal auf ein Boot nach Boipeba zu steigen. Im Stich lassen würde sie ihre Mutter nicht. Aber sie würde Marcus schicken. Der konnte es ertragen, ihre Mutter diesen dreckigen Mantel herumschleppen zu sehen wie eine Obdachlose. Sie würde ihm eine neue Brille und saubere Kleider und Sandalen mitgeben. Er würde hinfahren und entscheiden, wann man ihre Mutter sicher nach Hause bringen konnte. Er war an der Reihe mit dem Besuch. Raquel wollte keinen mehr machen, diesmal nicht.

Schauen Sie, da! Die geschwätzige Frau neben ihr zeigte auf etwas, das aussah wie eine neue, zerklüftete Welle, bis Raquel es sah, eine lange graue Linie, die dort die Wasseroberfläche durchbrach – der gewaltige Rücken eines Wals.

Und so plötzlich, wie er aufgestiegen war, versank er wieder.

João hatte keinen Hunger.

Doch seine Mutter hatte Kokosbrot für ihn gebacken und gab nicht nach.

Also aß er ihr zuliebe.

Und seine Mutter schlich um ihn herum und wischte ihm die Asche aus den Haaren.

Emma zupfte gerade im Bad Haare aus ihrer Bürste, als sie Miles hörte, der vor der Tür etwas von Beatriz rief. Sie knipste die Lüftung an, um seine Stimme zu übertönen. Obwohl sie sich bemüht hatte, offen zu ihm zu sein, wollte er in Brasilien bleiben und auch kein anderes Zimmer nehmen. Wenn sie lange gelaufen waren, hatte sie Miles oft bewundert, weil er dranbleiben konnte, um jeden Preis. Seine Entschlossenheit wirkte ansteckend, jetzt in Brasilien vielleicht mehr denn je. Da Miles nun einmal nicht weichen wollte, hatte Emma beschlossen, dass ihr nichts anderes übrig blieb, als selbst zu gehen. Es gab reichlich Hotels in Salvador. Wenn Marcus am Nachmittag aus dem Krankenhaus kam, würden sie einfach in ein anderes ziehen.

An diesem Morgen war sie der Situation jedoch noch ausgesetzt und der Tatsache, dass Miles vor dem Bad herumschrie. Obwohl die Lüftung lief, konnte sie hören, dass es irgendwie um einen Brand ging. Bei dem Wort *tot* hielt sie unwillkürlich inne und legte die Bürste ab, neben der Seife.

Sie hörte ihn sagen, verbrannt.

Sie hörte, unkenntlich.

Ihr Zimmer komplett danieder.

Sie hörte, nicht mehr da. In der Hotellobby im Fernsehen.

Hörte genug, um aus dem Bad zu kommen und festzustellen, dass die Zimmertür angelehnt war und der Fernseher lief. Auf dem Bildschirm schwelte ein rauchendes Loch, wo einmal ein Haus gestanden hatte. Davor drängten sich Touristen und Inselbewohner hustend im Rauch. Ein Hubschrauber landete, während am unteren Rand des Fernsehschirms eine Meldung in fetten weißen Buchstaben lief: VERMISSTE SCHRIFTSTELLERIN BEATRIZ YAGODA TOT AUFGEFUNDEN NACH BRAND AUF DER INSEL BOIPEBA.

Die Meldung lief ein zweites Mal durch, ein drittes Mal, und Emma las weiter mit, übersetzte sie immer und immer wieder im Kopf. Sie war noch voll auf die Worte fixiert, die sich am unteren Bildschirmrand wiederholten, als sie Miles gleich vor der Tür mit jemandem sprechen hörte.

Emma, kannst du dem Mann hier sagen, dass er das falsche Zimmer hat?

Als Emma ihren Namen hörte, wandte sie sich endlich von den Nachrichten ab und sah Marcus, der wie angewurzelt in der offenen Tür stand und auf den Fernseher starrte. Sie begriff, was gerade geschah, genau wie Miles, der Marcus mit beiden Fäusten am

T-Shirt packte und ihn so heftig zu schütteln begann, dass Marcus vor Schmerz aufschrie und sich die bandagierte Kopfseite hielt. Emma brüllte, Miles solle aufhören, und sprang ihn an, um ihn wegzuzerren, während hinter ihnen weiter die Nachrichten liefen, scheinbar lauter wurden, das Zimmer verschlangen und dann den Flur, bis Marcus sich losriss und Emma ihm nachrannte, um Entschuldigung bat, worauf er nur sagte: Bitte. Meine Mutter ist tot. Bitte lass mich in Ruhe.

Ob ihr nun zuhört oder nicht, Freunde, ob euch ein schöner Satz bewegt oder kaltlässt, die brasilianische Literatur hat heute ein Stück ihrer Seele verloren. Beatriz Yagoda hat vielleicht zu viel gezockt und sich vor ihren eigenen Kindern versteckt, aber geschrieben hat sie, als stünde das Zimmer in Flammen, und jetzt ist es abgefackelt. Heute Morgen um neun ist sie in einem Hotel auf Boipeba verbrannt. Das Feuer, Freunde, wurde von einer brennenden Zigarre in ihrem Zimmer ausgelöst.
Raucher, gebt acht.

Für den Fall, dass Marcus zurückrief, blieb Emma in ihrem Hotelzimmer. Sie hatte ihm Nachricht um Nachricht hinterlassen, bis seine Voicemail voll war. Raquel hatte einmal angerufen und den Ablauf der Beerdigung durchgegeben, das war alles.

Miles war endlich nach Pittsburgh zurückgeflogen.

Ihre Autorin war nicht mehr da.

Nichts durchbrach die unpersönliche Stille ihres Zimmers, nur hier und da ein Rufen von der Straße oder ein paar verwehte Sambatöne aus einem vorbeifahrenden Auto. Während die langen Minuten des feuchten Nachmittags in die noch längeren des Abends übergingen, wurde Emma zunehmend unruhig. Sie sah im Internet nach Flügen, ohne einen zu buchen. Sie ging los, um etwas zu essen, kam zurück, doch noch immer tropften die Stunden bis zur Beerdigung vor sich hin wie aus einem undichten Wasserhahn.

Es war schon dunkel, als sie begann, ihr Notizbuch durchzublättern und zu überlegen, was sie mit ihren gestrichenen und wieder hingekritzelten Sätzen gemeint hatte. Nach den Ereignissen der letzten beiden Tage war ihr vieles an ihrer eigenen Schrift ein Rätsel.

Beim Übersetzen hatte sie gelernt, lange zu tippen, ohne je auf den Bildschirm zu sehen. Dabei wandte sie das Gesicht immer Beatriz' Buch zu, das neben ihr auf dem Schreibtisch lehnte, oder sie starrte aus dem Fenster und verließ sich darauf, dass ihre Finger die Worte so wiedergaben, wie sie ihr einfielen. Wenn sie das Getippte dann durchsah, war es wie Zauberei, dass ihre Hände tatsächlich genau übersetzt hatten, was ihr in den Sinn gekommen war, in ganze Sätze auf dem Bildschirm. Es gab keinen Grund zu der Annahme, dass sich ihre Finger so einer Zauberei widersetzen würden, wenn die Worte, die sie tippte, zufällig ihre eigenen waren.

Und wenn sich die Finger doch widersetzten, wenn das, was sie schrieb, das Tippen nicht wert war – wer würde es je erfahren? Sie war mit all den Stunden ihres Lebens allein.

übertragen Vb., mhd. *übertragen,* mnd. *overdragen.* **1.** Etwas noch einmal neu schreiben, zum Beispiel Noten für ein neues Instrument. **2.** Ein geschriebenes Werk so konvertieren, dass es die Erwartungen anderer und/oder die eigenen verändert, oft einhergehend mit der Anforderung, derartige Erwartungen gänzlich fallen zu lassen. **Siehe auch:** überführen, überschreiten, übersetzen.

Rocha beraumte den Empfang, einen privaten, gleich nach der größeren Versammlung an, die das Kulturministerium für die Öffentlichkeit in der Biblioteca Nacional veranstaltete. Als er bei Antiquarius das üppige Mahl für die Literaten bestellte, sprach er direkt mit dem Koch, damit alles tadellos war, Platten mit dem besten Fleisch und Obst, nur von Meisterhand zubereitete Sashimi-Scheiben, ein paar Salate. Er wählte die Blumen persönlich aus, cremefarbene Lilien in schmalen Vasen, und sorgte dafür, dass sie mit Raffinesse gesteckt wurden, nicht einfach mit Farnkraut und anderem Grünzeug hineingestopft.

Vor der Beerdigung war er allnächtlich aufgewacht und hatte Asche gesehen, die an der Decke über dem Bett und an den Wänden schwebte und auf dem Spiegel im Bad. Abgesehen von den Telefonaten im Vorfeld der Beerdigung hatte er kaum gesprochen. Ein Mann, der zu schweigen weiß, hatte Beatriz in ihrem dritten Roman geschrieben, ist ein Mann, der zu beginnen weiß.

Aber was beginnen? Für wen?

Wenn João das Feuer früher gerochen hätte.

Wenn er früher nach draußen gegangen wäre, gesehen hätte, dass Rauch über die Bougainvilleen wehte.

Wenn der Gartenschlauch länger gewesen wäre.

Wenn es auf der Insel ein richtiges Feuerwehrauto gegeben hätte, wenn Mario einen Feuerlöscher gekauft hätte, wenn jemand die Schutzkleidung und die Maske gehabt hätte, die man brauchte, um in ein brennendes Zimmer zu gehen und jemanden herauszuholen.

Wenn sie nicht so viel Bambus für die Stühle verwendet hätten und für die Kommoden.

Wenn sie daran gedacht hätten, wie schnell Bambus entflammte und ein Zimmer verräuchern konnte.

Wenn sie länger geblieben wäre.

Wenn sie darauf beharrt hätte, dass ihre Mutter mit auf das Boot stieg.

Wenn sie es erzwungen hätte.

Wenn sie versöhnlicher gewesen wäre.

Wenn der Motor gestottert hätte.

Wenn sie den furchtbaren Mantel nicht so lange angestarrt hätte.

Wenn sie im Dunkeln die Augen geöffnet und den Blick ihrer Mutter erwidert hätte.

Wenn sie eingeräumt hätte, wie gut es sich anfühlte, dazuliegen und zu spüren, dass ihre Mutter bei ihr war und sie beobachtete.

Wenn nach dem Brand noch etwas von ihrer Mutter übrig gewesen wäre.

Wenn die Feuerwehrleute auch nur einen Überrest ihrer Zähne gefunden hätten.

Wenn Raquel sich umgedreht und noch einmal gewinkt hätte, heftiger.

Wenn sie noch etwas gerufen hätte, als das Boot ablegte.

Wenn sie ihre Mutter neugierig gemacht hätte auf das, was sie da vom Wasser aus schrie.

Wenn die Wellen so stark gewesen wären, dass sie nicht hätten abfahren können.

Wenn der Wal.

Wenn das Boot.

Wenn der Regen.

Wenn wir ehren, woran wir uns erinnern, indem wir akzeptieren, dass wir es nicht ändern können, sagte der Rabbi gerade. Vielleicht sagte er auch etwas Einleuchtenderes, aber Emma konnte nicht folgen. Ihr Kopf fühlte sich an wie blanchiert, und ihr war unwohl. Ständig hatte sie das Gefühl, beobachtet zu werden, und zwar irritierend genau, so, wie Beatriz sie beobachtet hatte, wenn Emma durch das Zimmer auf sie zugegangen war.

Doch das konnte nicht sein. Ihre Autorin war tot, Asche. Irgendwer auf der Beerdigung studierte eben zufällig andere Leute mit ähnlich elektrisierendem Blick. Emma sah sich um, wer es sein könnte, doch anscheinend waren alle Köpfe um sie herum für das Kaddisch gesenkt.

Also senkte auch sie den Kopf und zwang sich zur Konzentration auf die Worte, die ihr eigentlich geläufig waren. *Jitgadal, vejitkadasch*, murmelte sie auf Hebräisch mit den älteren Verwandten, die früh gekommen waren und die ganze erste Reihe eingenommen hatten. Raquel hatte von diesen älteren Tanten und Onkeln niemanden um das Lösegeld bitten wollen, aber alle zur Beerdigung eingeladen, und alle waren gekommen und hatten Raquel und Marcus in ihre Arme geschlossen wie Kinder. Jetzt, wo diese älteren Tanten und Onkel in der ersten Reihe versammelt waren, schienen sie dort richtig zu sein, mit ihren heiseren Stimmen als Chor für das Trauergebet.

Emma begriff nicht, warum sich Raquels lauter, behaarter Chef auch in die erste Reihe gepflanzt hatte. Die Verwandten, klar – die würden schließlich irgendwann neben Beatriz und ihren Eltern und ihrem Bruder liegen, hier im jüdischen Teil des Cemitério do Cajú. Wenn sie diese Verwandten nur früher angerufen hätten.

Wenn Beatriz sich wegen des Geldes an sie gehalten hätte statt an Flamenguinho.

Wenn der Bruder, den Beatriz, wie sie erzählt hatte, auf diesem Friedhof besuchte, nicht mit siebzehn gestorben wäre. Wenn er sie gekannt hätte, wie es nach so vielen Jahren nur unter Geschwistern möglich ist.

Wenn Emma sie gekannt hätte.

Wenn sie bessere Fragen gestellt hätte.

Wenn sie weniger gefragt hätte.

Wenn sie ein einziges Mal mit Beatriz auf dem Balkon gesessen hätte, ohne nervös zu werden und deshalb einen neuen Vorhang aus literarischen Fragestellungen zwischen ihnen zu spannen.

Wenn alle jetzt bitte Seite hundertzehn aufschlagen.

Bis Seite hundertdreiundzwanzig.

Wenn ihr jetzt bitte Raquel eure Aufmerksamkeit schenkt, die uns eine Passage aus –

Wenn ihr den zweiten Roman meiner Mutter gelesen habt, kennt ihr diese Szene vielleicht. Sie kommt, als die Bürgermeister gerade gestorben sind und die ersten Schmetterlinge mit matteren Flügeln auftauchen.

Jahrelang, begann Raquel zu lesen, nahten sie in bunter Fülle und hingen wie Wolken über dem Flussufer. In zahlreichen Booten strömten Touristen herbei, um sie in all ihrer orange- und rosagetupften Pracht zu bewundern. Doch dann wurde ein Bürgermeister gemeuchelt, in seinem eigenen Bett, der andere in Stücke gehackt, und als die Schmetterlinge kamen, war nichts mehr wie zuvor. Zunächst verdunkelte sich das Orange ihrer Flügel zu glänzendem Schwarz. Dann wurde aus dem Rosa am Rand ein Rot und schließlich schlammiges Braun. Die Wolken, in denen sie kamen, wurden immer farbloser, und das mochten die Touristen nicht. Sie nannten sie Motten und reisten befremdet ab.

Nur die Leute aus der Gegend, las Raquel weiter, nannten sie weiterhin Schmetterlinge, streckten weiter die Arme aus, damit sie sich flatternd auf ihre

Haut setzen konnten. Und was die Verdunklung ihrer Flügel betraf, so sagte man den Amazonas entlang dazu tintenblau wie Säuglingsaugen, wie der Fluss um sechs Uhr abends im Dunst nach einem Monsun.

Raquel hielt inne, damit ihre Hände ruhiger wurden und das Blatt nicht mehr so zitterte. Doch sie hatte einen Moment zu lange gewartet. Nun fand sie die Stelle auf der Seite nicht mehr. Als sie danach fahndete, wo sie stehen geblieben war, kam ihr in den Sinn, wie viele solcher Augenblicke wohl noch kommen mochten, jetzt, wo ihre Mutter nicht mehr da war und sie nirgendwo nach ihr suchen konnte als in einem Nebel aus Sätzen wie diesem.

Im Dunst nach einem Monsun, wiederholte Raquel und sah in die Menge, die sich zur Trauer um ihre Mutter versammelt hatte, die sie beobachtete, die darauf wartete, dass sie weiterlas. Erst als ihr Blick in der zweiten Reihe hängen blieb, wurde ihr klar, wen sie eigentlich suchte, den einzigen Menschen, der wusste, wie sehr ihre Hände zu zittern begonnen hatten, und der wusste, welche Wörter sie als nächste brauchte. Emmas Lippen formten lautlos das Satzglied, bei dem Raquel innegehalten hatte, und Raquel fand es und machte weiter, las viel mehr, als sie vorgehabt hatte, nur um zu zeigen, dass sie es konnte. Und sie hörte nicht auf, bis es gar nicht mehr um die Leute auf der Beerdigung ging und nicht einmal mehr um ihre Mutter. Es ging nur um die Sätze, um ihren Atem, der dem Geben und Nehmen der Melodie entsprach, um den Rhythmus, der ihre Brust einnahm, und zum ersten Mal seit Tagen fühlte sie sich nicht leer.

Raquel war außer Atem, als sie sich neben Marcus setzte. Mehrere Tanten beugten sich vor und murmelten, wie schön sie gelesen habe, und sie dankte ihnen mit nassem Gesicht, bis Marcus ihre Hand nahm und Raquel ein bisschen an seine Schulter sank, obwohl da nicht viel war, woran man sinken konnte. Er war ganz knochig geworden. Seine Brust war unter dem Anzug eingesunken wie ein Schiff, und als Raquel sich an ihn lehnte, wusste sie gar nicht mehr, warum sie es so gebraucht hatte, dass auch ihr Bruder allein war.

Auf dem Podium kam der Rabbi, den keiner kannte, zum Ende des letzten Gebets, und daraufhin brach der Damm. Ein ganzer Fluss aus Trauernden wogte auf sie zu. Raquel sagte zu Marcus, sie würden ertrinken, wenn sie nicht sofort zu den schwarzen Limousinen gingen, die Rocha für die Prozession gemietet hatte.

Es sei denn, sagte sie, du möchtest noch jemanden einladen, mit uns zu fahren.

Marcus ließ den Kopf hängen und sagte, da falle ihm nur eine Einzige ein. Ich frage sie, bot Raquel an. Geh du schon zum Wagen. Wir treffen uns dort.

Das Semester begann. Stapelweise Studienpläne. Ein Student tauchte auf und hatte sein T-Shirt links herum an. Eine Studentin kaute beim Eintreten mit offenem Mund und so forsch ihren Kaugummi, dass jeder Gesichtsmuskel davon beansprucht war.

Doch in diesem Semester ließ die Hitze einfach nicht nach. Und die Blätter blieben an den Bäumen.

Nach ihrer fünften Stunde sah Emma, wie eine kleine gelbe Eidechse in ihre Kaffeetasse kroch. In der Woche darauf klemmte ihre Bürotür durch die Feuchtigkeit, sodass sie festsaß und an ihre eigene Tür klopfte, bis ein Kollege vorbeikam, am Knauf riss und sie befreite. Am nächsten Morgen hatte sie den verrosteten Knauf in der Hand.

An der Päpstlichen Katholischen Universität von Rio de Janeiro gab es wenig, das Emma mit Bestimmtheit vorhersagen konnte. Insofern passte sie zu ihrem restlichen Leben. Ihre Eltern betonten immer wieder, das reiche nicht, so könne sie mit über dreißig doch nicht leben, allein in einem gefährlichen Land, wo sie für ihren Unterricht so wenig Geld bekam, dass sie ein Zimmer bei einer Musikwissenschaftlerin namens Esmeralda mieten müsse.

Bei Esmeralda war Emma allerdings nur, wenn sie schrieb. Ansonsten übernachtete sie bei Marcus, oder die beiden fuhren mit dem Bus die Küste hinauf. Augenblicklich zum Beispiel saßen sie unter Palmen im gezackten Schatten und beobachteten eine ältere Frau, die von Größe und Figur her nicht Beatriz sein konnte, aber mit ihrem Zeh in den Sand schrieb und dem Wasser mit jedem Wort näher kam. Sie konnten zusehen, wie die Wellen um die Knöchel der Frau zu schäumen begannen, doch sie dichtete weiter, watete immer tiefer hinein, sodass sich die Worte schon auflösten, während sie noch schrieb. Die Frau würde sicher vernünftig sein und aufhören, wenn ihr das Wasser bis zu den Knien stand.

Und wenn nicht? Wenn sie einfach weitermachte?

Die Badenden am Strand sahen sich längst nach ihr um, fragten sich, wer als Erster aufstehen und sie ansprechen würde, und mit welcher Frage. Und was jene betraf, die unter ihren Schirmen blieben – ob diese Fremde sie trotzdem heimsuchen würde? Ob sie nachts aufwachen und Schaum um ihre Knöchel entdecken würden, und merken, dass sie gerade ins Meer gingen mit dieser Unbekannten, im Schlaf?